Henri J. M. Nouwen

Nähe

Henri J. M. Nouwen

Nähe

Sehnsucht nach lebendiger Beziehung

Übersetzung aus dem Englischen
von
Bernardin Schellenberger

Herder
Freiburg · Basel · Wien

Titel der Originalausgabe:
Intimacy
Essays in Pastoral Psychology

Published by arrangement with
HarperCollins San Francisco
a division of HarperCollins Publisher Inc.

Umschlagbild: Der barmherzige Vater.
Roland P. Litzenburger (1972)

Herstellung: Freiburger Graphische Betriebe 1993
ISBN 3-451-22591-3

Inhalt

Drittes Kapitel

Viertes Kapitel

Fünftes Kapitel

Einführung

Die folgenden Kapitel sind bei recht unterschiedlichen Anlässen entstanden: beim Unterrichten, bei Beratungsgesprächen, bei Diskussionen, bei Plaudereien, bei Parties und beim Festefeiern, und vor allem dadurch, daß ich mich unter den Menschen aufgehalten habe. Jedes dieser Kapitel habe ich geschrieben, weil mir jemand eine Frage gestellt hat – ein Student, ein Lehrer, ein Seelsorger, ein Priester, ein Ordensbruder oder eine Ordensschwester. Ich habe das bei unterschiedlichen Anlässen geschrieben, für unterschiedliche Menschen, mit unterschiedlichen Fragen im Hinterkopf. Ich habe es nicht geschrieben, um ein Problem zu lösen oder eine Theorie zu formulieren, sondern als Antwort für Männer und Frauen, die mich auf der Suche nach ihrer Berufung in dieser chaotischen Welt an ihrem Ringen teilhaben lassen wollten.

Als ich auf die vielfältigen Fragen und Anliegen zurückschaute, die mir vorgelegt wurden, entdeckte ich für die vielen Themen einen gemeinsamen Nenner, der es rechtfertigt, sie in einem Buch zusammenzufassen. Zunächst einmal stehen sie alle unter einem einheitlichen Gesichtspunkt, nämlich unter einem pastoralen. Mögen auch die Sprache und der Ansatz eher psychologisch gefärbt sein, so ist der Blickwinkel doch derjenige eines Priesters, der sich die Frage stellt, wie er alles, was ihm begegnet, im Licht des Heilswirkens Gottes an den Menschen sehen kann. Zweitens gibt es einen roten Faden, der sich durch alle Erwägungen zieht. Mir ist zunehmend klar geworden, daß all den Anliegen im Tiefsten die eine wesentliche Frage zugrunde lag: „Wie kann meine Beziehung zu Gott und zu meinen Mitmenschen die Qualität schöpferischer und erfüllender Nähe finden?" Wie kann der Mensch eine intensive, fruchtbare innere Beziehung zu einem anderen Menschen entwikkeln? Wie sieht eine intensive Beziehung im Leben eines zölibatären Priesters oder im Rahmen einer Ordensgemeinschaft aus? Wie können wir im Gottesdienst oder im stillen Gebet in eine intensive Beziehung zu Gott treten?

Es ist nicht überraschend, daß viele dieser Fragen im studentischen Milieu auftauchen, das von jungen Erwachsenen beherrscht wird. Erik Erikson hat hervorgehoben, daß die sorgfältige Balance zwischen Nähe und Distanz die schwierigste psychologische Aufgabe der Menschen auf jener Altersstufe ist, wo sie erwachsen werden und den Versuch anstellen, dauerhafte und fruchtbare Beziehungen einzugehen. Aber heutzutage ist das Ringen um innere Nähe nicht mehr auf eine Altersstufe beschränkt. In einer Welt, die ganz von Wettbewerb und Leistung geprägt ist, sind sich Menschen aller Altersgruppen schmerzlich ihrer tiefsitzenden Sehnsucht nach einem Ort bewußt geworden, wo sie in einer persönlichen Beziehung Geborgenheit erfahren können. Diese Sehnsucht ist unter Verheirateten und unter Priestern und Ordensangehörigen, die sich einem zölibatären Leben geweiht haben, genauso verbreitet wie unter Studenten, die sich zu einem Rendezvous verabreden.

Aus diesem Grund kann man dieses Buch als ein Buch über das innere Leben betrachten. Es behandelt nicht die brennenden Fragen, die so spürbar ein Bestandteil unseres Alltagslebens geworden sind: die Inflation, die Arbeitslosigkeit, die Kriminalität, den Hunger in der Welt, die Armut und die Gefahr eines Atomkrieges. Stattdessen versucht es, direkt das anzusprechen, was mehr oder weniger in all diesen Problemen mitschwingt: die Sehnsucht des Menschen nach einem Platz in der Welt, an dem er wirklich geborgen und daheim sein kann. Allerdings spricht er selten davon und erkennt sie oft selber gar nicht. Daher verstehe ich dieses Buch als eine Schrift über die Suche nach Nähe.

Erstes Kapitel

Der Hintergrund: Vom magischen Denken zum Glauben

Das Wachstum im Glauben, psychologisch gesehen

Das ganze Jahr hindurch werden wir zahllosen Ereignissen ausgesetzt, belanglosen und bedeutsamen, die in uns gewöhnlich keine Fragen wecken, es sei denn, wir widmen ihnen ganz besondere Aufmerksamkeit. Ein Fallschirmspringer, Captain Ridgway, ruderte mit seinem Freund von Cape Cod nach Irland. Überwältigt von der Unermeßlichkeit des Ozeans und den unglaublichen Kräften der Natur, fand er, daß ihm die Medaille, die ihm in Cape Cod verliehen worden war, inneren Halt gab und ihm half, Worte des Gebets zu finden.

Zwei Priester verließen miteinander am Semesterende die überfüllte Universitätskirche, und der eine sagte lächelnd zum andern: „Der Schlußgottesdienst ist der beste Beweis, daß der Mensch zutiefst religiös veranlagt ist."

Der kleine Johnny sagt: „He, Daddy, du kannst den Präsidenten Kennedy nicht wieder lebendig machen.

Aber der liebe Gott kann das, nicht wahr? Denn der kann alles!" Und wir denken: „Der kleine Johnny ist doch ein helles Köpfchen!"

Du liest von einem Astronauten, dem Inbegriff der modernen Wissenschaft, daß er ein Kreuz in die Erdumlaufbahn geschmuggelt hat, und du weißt nicht recht, was du davon halten sollst. Oder du begegnest einem Studenten, der aus einer tief religiösen Familie stammt, in der Gott die Quelle der Stärke und des Glücks gewesen war, und er stellt dir plötzlich so abgründige und grundsätzliche Fragen, daß es aussieht, als habe ihm alles Seitherige absolut nichts zu sagen gehabt.

Dann liest du von einer Gruppe junger Menschen, die ihre gutbezahlten Stellen, ihre bequemen Wohnungen und zuweilen sogar ihre Familien aufgeben, um in die trostlosesten Gegenden dieser Welt zu gehen, weil sie dort unter Menschen leben wollen, die sie noch nicht einmal kennen.

Welchen Sinn hat das alles? Ist das Magie oder Glaube? Aberglaube oder die Beziehung zu einer letzten Wirklichkeit? Etwas, was man meiden muß oder selber suchen sollte?

Um diese Fragen zu klären, wollen wir den Verlauf des menschlichen Lebens betrachten, von der Zeit an, wo der Mensch im sicheren Schoß seiner Mutter entsteht, bis zu der Zeit, wo er fest auf beiden Beinen steht, breitschultrig, die Daumen in den Gürtel geklemmt, und neugierig auf diese Welt schaut und auf das, was über sie hinausliegt. Wir wollen diese Reise als die Reise „vom magischen Denken zum Glauben" bezeichnen. Wir alle unternehmen diese Reise, und es mag der Mühe wert sein, sie einmal aus einem gewissen Abstand zu betrachten.

In jeder Lebensphase des Menschen werden wir einen

bestimmten Gesichtspunkt unserer Entwicklung besonders hervorheben, der grundlegend für ein reifes religiöses Empfinden ist.

A. Die ersten fünf Lebensjahre

Während unserer fünf ersten Lebensjahre müssen wir drei große Schritte aus der magischen Welt heraus schaffen, in die wir hineingeboren worden sind.

1. Im Lauf der ersten 18 Monate machen wir die ziemlich frustrierende Entdeckung, daß wir nicht der Mittelpunkt der Welt sind.

Wohl keiner von uns wird in Frage stellen, daß es Menschen und Dinge außerhalb von uns gibt, die genauso weiterexistieren, wenn wir nicht mehr da sind. Jedoch ist das nur scheinbar eine Selbstverständlichkeit. Es bedarf einer langen und oft frustrierenden Erfahrung, bis wir imstande sind, die objektive Welt zu entdecken. Wenn wir als kleines Kind im Mutterschoß sind, ist alles um unseretwillen da; unsere Mutter ist ein Teil unserer selbst. Später kann es ein sehr schmerzliches Erlebnis sein, wenn wir entdecken, daß unser Schreien nicht die Milch hervorbringt, unser Lächeln nicht die Mutter herbeizaubert, und daß unsere Bedürfnisse nicht alsbald ihre Befriedigung zur Folge haben. Nur ganz allmählich entdecken wir, daß unsere Mutter jemand anderes ist und nicht einfach ein Stück von uns selbst. Immer wenn wir erleben, daß wir nicht mittels unserer Gefühle, Gedanken und Taten die Welt beherrschen, werden wir zur Anerkenntnis gezwungen, daß es noch andere Personen, Dinge und Ereignisse gibt, die ihr Eigenleben besitzen.

Darum besteht der erste Schritt aus der magischen Welt heraus darin, eine objektive Wirklichkeit zu entdekken. Es kann sein, daß wir diese Objektivität der Welt um uns nur zum Teil erfassen. Wir mögen uns zwar ganz allmählich entfalten und fähig werden, uns auf unsere eigenen Füße zu stellen und auf die uns umgebenden Dinge mit dem Finger zu zeigen und zu begreifen, daß sie sich als objektive Wirklichkeiten unserem neugierigen Geist vorstellen – aber dennoch kann es sein, daß uns das im religiösen Bereich nicht so einfach gelingt. Viele in diesem Leben ansonsten reife, erfolgreiche Menschen behandeln Gott immer noch, als sei er ein Stück ihrer selbst. Gott ist für sie der dienende Geist, der allzeit bereitwillig die Szene betritt, wenn man krank ist, einen Schock erleidet, in Prüfungsnöten steckt oder wenn sonst irgendwie Not am Mann ist. Und wenn er nicht gleich hilft, besteht vielleicht die einzige Reaktion darin, noch lauter nach ihm zu schreien. Weit davon entfernt, für mich der „Ganz Andere" zu werden, dessen Existenz nicht von der meinigen abhängt, bleibt er dann womöglich der lockere Rahmen, der sich recht angenehm um die Ränder meiner Sicherheit herumlegt. Zustände großer Angst infolge innerer oder äußerer Stürme können uns zuweilen mit Gewalt auf diese Stufe der Religion zurückwerfen. Diese Regression mag sogar eine lebensrettende Wirkung haben, wie im Fall des Captain Ridgway. Auf ihr finden wir etwas, an das wir uns klammern können, vielleicht eine Medaille oder eine Kerze, die uns zusammenhalten kann. Das mag eine recht hilfreiche Form von Religion sein; aber sicher ist es keine sehr reife Form von Religion.

2. Der zweite Schritt aus unserer magischen Welt heraus geschieht, wenn wir das Sprechen lernen. Irgendwann zwischen unserem 18. Lebensmonat und unserem

dritten Geburtstag haben wir angefangen, unsere ersten Laute zu lallen, die sich allmählich zu Wörtern und Sätzen und zu einer Sprache entwickelt haben. Es mag sehr enttäuschend sein, daß es um uns herum viele Dinge gibt, die nicht ein Teil von uns selbst sind. Aber mit Hilfe der Wörter können wir uns rächen, denn unsere ersten Wörter geben uns eine geheimnisvolle Macht über die Dinge. So wie ein Amerikaner entzückt feststellt, daß sein erstes Wort, das er auf Französisch sagen kann, nämlich „garçon", tatsächlich den Kellner an seinen Tisch bringt, so macht auch das Kind die Erfahrung, nicht daß es *Wörter* beherrscht, sondern daß es *Gegenstände* beherrscht. Es bedarf einer ganzen Weile, bis wir das Wort vom Objekt zu lösen vermögen und ihm eine symbolische Funktion zuweisen.

Das magische Wort gibt uns Macht nicht nur über Objekte, sondern auch über unsere eigenen instinktiven Impulse. Ehe uns Worte zur Verfügung standen, konnten wir der Versuchung nicht widerstehen, in Papis Garten die Blumen auszureißen. Aber mit dem Wort „Blume" haben wir die Fähigkeit erworben, den Akt des Greifens und Berührens durch Sprechen zu ersetzen; wir konnten jetzt die Hände hinter dem Rücken zusammenschlagen und sagen: „schöne Blume, nicht reißen"[1].

Tatsächlich ist die Religion voller Wörter. In vielen Religionen spielen lange Litaneien, Anrufungen und vielmals wiederholte Formeln eine ganz wichtige Rolle. Für uns hier ist wichtig, daß man die magische Phase nicht überschreitet, wenn man die Wörter auf diese Weise verwendet. Statt der freie und schöpferische Ausdruck tiefer Wirklichkeiten zu sein, die wir unseren Mitmenschen

[1] S. H. Fraiberg, The Magic Years, New York 1959.

mitteilen können, werden die Wörter dabei eher zu einem Ersatz der Wirklichkeit, werden zu einem subtilen Instrument der Machtausübung über die launischen Regungen unserer Götter, unserer Teufel oder unserer eigenen Anwandlungen.

Wirkt nicht ein Rest dieses magischen Weltverständnisses in uns nach, wenn wir das Gefühl haben, wir seien in Gottes Gnade, sofern wir nur unsere täglichen Gebete sprechen oder zumindest den Brauch beibehalten, vor dem Einschlafen drei „Gegrüßet seist du Maria" zu beten? Es ist offensichtlich gar nicht so einfach, diesen magischen Gebrauch von Wörtern zu überwinden. Wir fühlen uns recht gut, wenn wir unsere Pflicht erfüllt, das heißt: unser Tischgebet aufgesagt, unseren Rosenkranz heruntergeleiert oder unser Brevier rezitiert haben. Es scheint, als sagten wir zu uns selbst: „Gott kann mir jetzt nichts anhaben. Ich habe getan, was er von mir haben will, und jetzt ist er an der Reihe, mich dafür zu belohnen." Dabei geben uns unsere Gebete eine Art Macht über Gott, statt uns in ein wirkliches Gespräch mit Gott zu bringen.

3. Der dritte Schritt aus der magischen Welt heraus steht an, wenn sich unser Selbstbewußtsein herausbildet. Das ist ein entscheidendes Ereignis zwischen unserem dritten und fünften Lebensjahr. Zunächst hatten wir gelernt, daß es unabhängig von uns Gegenstände gab, die auch dann weiterexistieren würden, wenn wir nicht da wären; dann hatten wir gelernt, daß Wörter keine allmächtigen Werkzeuge waren, um die Welt um uns herum zu manipulieren. Nun stand uns ein noch viel wichtigerer Erkenntnisschritt bevor: der Schritt vom Papa zu uns selbst. „Ich will meine garstige kleine Schwester nicht hauen, weil ich das nicht mag und weil das böse ist, und nicht, weil mich sonst Papa schimpft."

Die äußere Instanz für Disziplin: Papa, Mama, Pfarrer usw. wird allmählich zum verinnerlichten Polizisten. Das Selbstbewußtsein wird durch den Prozeß der Identifikation möglich. Wir entwickeln die Fähigkeit, uns bestimmte Eigenschaften anderer Personen innerlich selbst anzueignen und sie zu einem Teil unserer selbst zu machen. Auf dem Gebiet der Entwicklung des moralischen Bewußtseins übernehmen wir Urteile, Maßstäbe und Werte von Personen, die uns wichtig sind und fügen sie in unsere eigene Persönlichkeit ein.

Oder geschieht zu gleicher Zeit auch noch etwas anderes? Während dieser ersten vier Lebensjahre hatten wir den Eindruck, Papa könne alles, er sei allmächtig, er könne alle Probleme lösen und alle Gewichte heben. In unserer Phantasie ist Papa der größte Athlet der Welt; er baut Häuser, schreibt Bücher, repariert Fahrräder und kann mir alles besorgen, wenn er nur will. Ja – und dann wurden wir früher oder später enttäuscht. Es stellt sich heraus, daß Papa eigentlich ziemlich oft versagt. Auf ihn ist häufig doch kein Verlaß. Wie läßt sich dieses Problem lösen?

Die Verinnerlichung löst dieses Problem wohl nicht ganz. Das Bedürfnis nach einem allmächtigen Vater, der uns Liebe, Zuflucht und Schutz gewährt, in dessen Armen wir uns bergen und sicher fühlen können, ist vielleicht einfach zu stark. Ohne den magischen Vater kamen wir nicht aus, wir brauchten ihn allzusehr. Und so blieb er uns unter einem anderen Namen erhalten: GOTT. Folglich waren wir der Überzeugung, wenn schon Papa den Präsidenten Kennedy nicht wieder ins Leben zurückholen konnte, dann konnte das jedenfalls Gott tun. Als Sigmund Freud sein „Die Zukunft einer Illusion" schrieb, verwirrte und verschreckte er die Gläubigen zutiefst, denn er sagte, die Religion sei die

Fortsetzung des infantilen Denkens und Gott sei die Projektion der allgegenwärtigen Sehnsucht nach Geborgenheit. Freud sah seine Aufgabe darin, Menschen zu heilen, das heißt, ihnen zu größerer Reife zu verhelfen. Er sah die vielen Menschen in seinem Konsultationszimmer in Wien vor sich, die mehr unter ihrer Religion litten, als daß sie durch sie Heilung erfuhren, und er versuchte, ihre Projektionen aufzudecken.

Der Psychiater Rumke faßt Freuds Auffassung folgendermaßen zusammen: „Wenn der Mensch zu wirklicher Reife gelangt, wird ihm bewußt, daß sein Gottesbild, das oft das Bild eines Gott-Vaters ist, die Reinkarnation des kindlichen leiblichen Vaters darstellt, den er liebt und fürchtet. Gott ist offensichtlich nichts anderes als eine Projektion. Entfernt man das, was das Wachstum blokkiert, so löst sich auch das Bild auf. Der Mensch unterscheidet dann das Gute vom Bösen anhand seiner eigenen Maßstäbe. Er hat die Überbleibsel seiner Neurose besiegt. Aus nichts anderem hatte seine Religion bestanden." [2]

Für unseren Zusammenhang ist wichtig, daß Freud nicht ganz unrecht hatte. Oft bleiben wir tatsächlich dieser magischen und infantilen Welt verhaftet, in der wir es als schönen Trost empfinden, einen lieben Gott mit uns herumzutragen, so wie in den Charlie-Brown-Comics Linus seine Schmusedecke braucht. Für viele Menschen ist die Religion tatsächlich nicht sehr viel mehr als das, was Freud herausgefunden hatte; ja, viele religiöse Erfahrungen sind bei uns allen in kindliche Bilder gekleidet, so daß sich oft sehr schwer sagen läßt, wo unsere infantile Vorstellung aufhört und unsere Religion anfängt.

---

[2] H. C. Rumke, The Psychology of Unbelief, London 1962.

Hier ist vermutlich eine kritische Frage am Platz: ist die Gottesvorstellung eine infantile Fortführung unseres idealen Vaterbildes – oder ist unsere Empfänglichkeit für die Kind-Vater-Vorstellung das Ergebnis unserer tieferen und vorausgehenden Beziehung zu Gott? Tatsächlich besteht die grundsätzliche Kritik an Freud, die der deutsche Psychiater Binswanger geäußert hat, in dieser Umkehrung: Gott ist nicht das Produkt der Verlängerung der Beziehung des Kindes zu seinem leiblichen Vater, nein: die Gefühle des Kindes für seinen Vater sind die Konkretisierung einer Idee, die schon vorher im Menschen grundgelegt ist infolge seiner grundsätzlichen Hinordnung auf seinen Schöpfer. Mit anderen Worten: Wir wären nicht imstande, unseren Vater zu lieben, wenn uns nicht vorher bereits Gott geliebt hätte. Aber damit haben wir das Feld der Psychologie verlassen[3].

In einer Hinsicht müssen wir Freud Recht geben: soweit unser Gott ein bloßer Ersatz für unser eigenes Selbstbewußtsein ist und der Ausbildung eines klaren Verstandes, eines reifen Selbst und eines autonomen Individuums im Wege steht, ist es nur ein Zeichen guter Gesundheit und klarer Erkenntnis, diesen Gott als eine Krankheit namens Neurose auszumerzen. Zudem muß man mit Bedauern feststellen, daß viel zu wenige Menschen den Mut dazu haben.

Sich gesund zu entwickeln bedeutet, sich Schritt für Schritt aus der magischen Welt herauszulösen. Es kann sein, daß wir diese Entwicklung auf anderen Gebieten durchaus machen; zugleich aber bleibt unsere Religion leicht in diesem unreifen Stadium stecken. In diesem Fall

[3] Ebd.

bleibt Gott der magische Friedensmacher, dessen Existenz von der unsrigen abhängig ist. Unsere Gebete bleiben dann Werkzeuge, um ihn in unserem Sinn zu manipulieren, und die Religion ist nicht sehr viel mehr als ein großes, weiches Bett, auf dem wir vor uns hindösen und die harten Ansprüche des Lebens verkennen. Unser religiöses Empfinden wird nie wirklich reif werden, solange nicht

1. Gott der Ganz Andere wird,
2. unser Gebet ein wirklicher Dialog ist und
3. unsere Religion uns zu schöpferischer Selbständigkeit ertüchtigt.

B. Das Schulalter: 5 bis 12 Jahre

Mit ungefähr fünf Jahren kommen wir in die Vorschule und dann in die Schule. Im überschaubaren Lebensrahmen unserer Familie waren die wesentlichsten Verhaltensmuster ziemlich gut vorgegeben. Unsere ersten Erfahrungen des Vertrauens, des Glücklichseins, der Angst, der Freundschaft, der Freude und der Enttäuschung haben wir im Elternhaus gemacht. Aber dann haben wir eine neue Welt betreten. In der Schule kamen wir mit anderen Jungen und Mädchen zusammen, die ebenfalls Familien und Elternhäuser hatten, und wir mußten nun erkunden, ob das, was wir bei uns daheim gelernt hatten, wirklich tragfähig war. In vieler Hinsicht wurden während unserer Jahre in der Grundschule die wesentlichen Muster unseres Verhaltens verstärkt, abgewandelt, erweitert oder durchbrochen. In diesen Jahren machten wir in einer Gesellschaft, die größer war als die uns aus den ersten Lebensjahren vertraute, neue Erfahrungen des Erfolgs und des Versagens.

In unserer Gesellschaft wird die Religion allgemein als Privatangelegenheit betrachtet und behandelt. Sobald wir anfingen, die neue Mathematik und die Weltgeschichte zu lernen, sobald wir uns darin einübten, alle möglichen Dinge selbständig zu unternehmen und unsere Welt in den Griff zu bekommen, war die Wahrscheinlichkeit groß, daß die Religion immer mehr als getrennte Wirklichkeit abgesondert wurde. Sie war noch gut für den Sonntag und die fromme Stunde im Wochenlauf, hatte aber allem Anschein nach nichts mehr mit all dem Neuen zu tun, das wir über unsere und andere Welten erfuhren. Allport sagt, zur Reife gelange man nur, wenn eine wachsende Intelligenz irgendwie vom Wunsch beseelt ist, nicht in der Entwicklung steckenzubleiben, sondern sich ständig neuen bedeutsamen Erfahrungen zu stellen und diese zu verarbeiten. „Was das religiöse Empfinden betrifft, fehlt bei vielen Menschen dieser innere Wunsch. Sie haben das Gefühl, ihr Kinderglaube schenke ihnen Trost und sei allem Druck von außen enthoben, und so behalten sie nur allzugern diese Frühform von Religion bei."[4]

Eine reife Religion ist von Natur aus integral – das heißt, sie ist flexibel genug, um allen neuen Wissensstoff in ihren Bezugsrahmen einzufügen und mit allen neuen Entdeckungen des menschlichen Geistes Schritt zu halten. Tatsächlich nimmt sie spontan das Kreuz in die Raumkapsel mit. Mit dem Schulanfang beginnt man den Weg des Wissens zu beschreiten, und wenn die Religion nicht offenen und kritischen Auges den gleichen Weg

[4] G. Allport, The Individual and his Religion, New York 1950.

einschlägt, kann es nur allzuleicht passieren, daß der Mensch, der ganz selbstverständlich den Ozean mit dem Superjet überquert, auf religiösem Gebiet immer noch mit seinem Dreirad zufrieden ist. Für eine reife Religiosität ist es wesentlich, daß man ständig bereit ist, in einen anderen Gang umzuschalten, neue Einsichten zu integrieren und seine Standpunkte zu revidieren.

C. Jugendalter: 12 bis 18 Jahre

Mit dem Jugendalter sind wir in eine neue und sehr kritische Phase unserer Entwicklung eingetreten. Manche von uns haben das vielleicht als plötzlichen und dramatischen Umbruch empfunden, andere sind ganz allmählich in die neuen Wirklichkeiten hineingewachsen, ohne das überhaupt recht zu merken.

Wir wurden plötzlich oder ganz allmählich mit der Tatsache konfrontiert, daß nicht nur das Leben um uns herum sehr kompliziert ist, sondern daß es in unserem Inneren ein ebenso kompliziertes, ja vielleicht sogar noch komplizierteres Leben gibt. Bis dahin hatte sich unsere Neugier auf alles gerichtet, was um uns herum vorging; wir waren fasziniert gewesen von allem Neuen, das wir zu sehen und zu hören bekamen. Aber dann entdeckten wir tiefe und oft sehr seltsame und verwirrende Gefühle in unserem Inneren. Neue, oft dunkle Antriebe schienen uns zu drängen, ohne daß wir das richtig verstehen konnten. Wir wurden von Gefühlen ungeheurer Freude und Seligkeit überschwemmt und wußten gar nicht recht, wie uns geschah. Oder uns überkamen lebhafte Wünsche zu sterben, jemanden umzubringen, zu verletzen, zu vernichten. Wir fühlten uns zuweilen hin- und hergerissen von den widersprüchlichsten Gefühlen und Gedanken, von Liebe und Haß, von der Sehnsucht, jemanden zu umarmen und vom Wunsch, jemanden umzubringen; vom Impuls, etwas herzugeben und von der Gier, etwas an uns zu reißen.

Vielleicht stehen wir hier vor einem der wichtigsten Scheidewege unserer religiösen Entwicklung. Hier stellt sich die Frage: Können wir unsere inneren Konflikte so annehmen und verstehen, daß wir sie zu klären und zu deuten und sie in den Dienst der Reifung unseres religiösen Empfindens zu stellen vermögen? Sehr oft schaffen wir das nicht. Sehr oft hat man die Religion gleichgesetzt mit Lauterkeit, Reinheit, Vollkommenheit – und jedes Gefühl, das unsere weiße Weste zu beflecken droht, scheint der Religion zu schaden. In diesem Fall können wir es uns selber nicht erlauben, ein starkes sexuelles Begehren, grausame Phantasien oder aggressive Anwandlungen zu haben. Die Religion sagt: „Das ist verboten!" Du sollst nicht fluchen, du sollst nicht stehlen, du sollst nicht töten, du sollst dich nicht selbst befriedigen, du sollst nicht schwatzhaft sein, du sollst nicht, du sollst nicht, du sollst nicht ... Lehrer, die uns auffordern, anständig, gehorsam und liebenswürdig zu sein, gehen uns dann endlos auf die Nerven. Niemand scheint für diese seltsame neue Welt innerer Empfindungen Verständnis zu haben, die uns das erhabene Gefühl gibt, einmalig zu sein, aber zugleich auch entsetzlich einsam.

Viele von uns erinnern sich daran, wie sehr sie sich danach sehnten, von jemandem verstanden zu werden, wie schwierig es war, uns anderen verständlich zu machen und wie wenig Menschen uns wirklich nahestanden. Ein Gefühl der Scham und der Schuld machte uns oft schrecklich einsam, und wir hielten uns selbst für

Heuchler, die ganz bestimmt kein Mensch lieben würde, wüßte er, wie es in unserem Inneren aussieht. In diesem Lebensabschnitt ist vieles möglich. Es kann sein, daß uns die Religion derart einengend und belastend vorkommt, so weit fort von unserer persönlichen Erfahrung, so autoritär und lebensfeindlich, daß die einzige Möglichkeit, den Konflikt mit ihr zu lösen, darin besteht, mit ihr zu brechen. Manche hatten von dem Priester die Nase voll, der von der Kanzel aus seine Moralpredigten donnerte, andere fühlten sich nie mit ihren verwirrenden Gefühlen verstanden; wieder andere fanden die offensichtliche Scheinheiligkeit vieler Kirchgänger unerträglich, und viele hängten ab – manche still und allmählich, andere in offener Rebellion.

Aber eine andere Reaktion ist vielleicht noch viel gefährlicher. Sie besteht in der Neigung, seine eigene andere Seite zu leugnen und mit Gewalt zu unterdrücken: die dunklen Wünsche, den unerwünschten Schatten. Wir sagen dann: „Im Grunde genommen bin ich sauber, rein, ohne Sünde, und ich möchte makellos bleiben." Wir möchten uns selber voll im Griff behalten, nie einen schlimmen Gedanken haben, niemals fluchen, uns nie betrinken, nie versagen; nein, wir möchten immer tadellos sein, heilig und sozusagen so zufrieden mit uns selbst, daß für Gott gar nichts übrigbleibt, was er noch zu verzeihen oder zu erlösen hätte. Wir wandeln durchs Leben, als hätten wir eine Osterkerze verschluckt, steif und angespannt, immer in der Angst, irgendetwas könnte uns außer Kontrolle geraten.

Diese Reaktion ist genauso schädlich wie die offene Rebellion, ja vielleicht noch schlimmer, denn sie blokkiert unseren Weg zum Reifwerden auf religiösem Gebiet. Dieser Weg besteht darin, daß wir sagen: „Natürlich, ich habe schwache Seiten, aber die schwächen mich nicht. Ich habe häßliche Gedanken, aber trotzdem bin ich dadurch kein häßlicher Mensch." Das ist die Erkenntnis und Anerkenntnis, daß wir das Unkraut in uns zusammen mit dem Weizen wachsen lassen müssen, um guten Weizen ernten zu können. Wollten wir versuchen, alles Unkraut auszureißen, würden wir damit auch den kostbaren Weizen schädigen. Jemand, der nie seiner Wut oder seinem Zorn freien Lauf lassen kann, ist auch nicht imstande, sich für igendetwas anderes, Positives leidenschaftlich einzusetzen. Wer nie die Fassung verliert, ist vielleicht gar nicht in einer vitalen Verfassung; und wer nie zu Tode betrübt ist, kann vielleicht auch kaum je himmelhoch jauchzen. Wer nie etwas wagt, mag zwar nie viel verlieren, wird aber auch nie viel gewinnen.

Wir tun uns sehr schwer damit, den Worten Christi zu glauben: „Ich bin nicht gekommen, die Gerechten zu berufen, sondern die Sünder ..." Vielleicht kein anderer Psychologe hat so nachdrücklich wie C. G. Jung darauf hingewiesen, daß man sich unbedingt zuerst selbst annehmen müsse, wenn man sich selbst verwirklichen wolle. Jung verstand unter „Selbstverwirklichung" die Integration des Schattens. Gemeint ist damit die zunehmende Fähigkeit, die dunkle Seite unserer Persönlichkeit in unser Bewußtsein zuzulassen und dadurch das einseitige Leben zu überwinden, das darin besteht, daß wir so meinen und tun, als sei nur das an uns wirklich ein Teil unserer selbst, was in den Augen der Umgebung annehmbar ist. Wir müssen alle Seiten unserer selbst annehmen und in unsere Persönlichkeit einfügen, wenn wir innere Einheit, Vollständigkeit und Ganzheit erlangen wollen. Christus stellt das Licht in uns dar. Aber Christus wurde zwischen zwei Mördern gekreuzigt, die wir nicht übersehen dürfen, genausowenig wie die „Mörder" in unserem eigenen Herzen.

Das ist eine lebenslange Aufgabe, aber während unserer Jugendzeit hat sich uns eine besonders gute Gelegenheit geboten, unser religiöses Empfinden auf die Probe zu stellen. Der Konflikt ist unvermeidlich; aber die Lösung besteht nicht darin, zu rebellieren oder etwas zu unterdrücken und zu verdrängen, sondern alles zu integrieren.

D. Der junge Erwachsene

Inzwischen haben wir die Universität besucht. Was spielt sich während des Studentenlebens ab? Diese Zeit ist die Lebensphase zwischen verschiedenen Orten des Daheimseins. Wir haben unser elterliches Zuhause verlassen und haben uns noch nicht in einem endgültigen eigenen Zuhause eingerichtet. Wir sind von allem, worin uns Mutter und Vater immer dreingeredet haben, auf sicheren Abstand gegangen, aber wir halten auch sicheren Abstand von allen, die uns diesen wunderbaren Urlaub vom Daheimsein beeinträchtigen wollen. Damit sind wir der Verlegenheit entkommen, immer wieder einen Kompromiß zwischen unseren eigenen Idealen und Gefühlen und denjenigen unserer Eltern zu finden. Andererseits tragen wir noch keinem anderen Menschen gegenüber eine besondere Verantwortung. Wir spüren, daß die Zeit abgelaufen ist, in der wir erzogen werden, aber wir sind noch nicht so weit, daß wir andere erziehen könnten oder möchten. Kurz: wir leben zwischen zwei Orten des Daheimseins, und in vierlei Hinsicht ist das die Zeit der größten Freiheit in unserem Leben.

Während der Universitätszeit entwickeln wir auch

eine neue Art zu denken. Wir lernen den wissenschaftlichen Zugang zur Wirklichkeit kennen. Der Schlüsselbegriff dabei ist: die Hypothese; das Kriterium: die Wahrscheinlichkeit; und das Werkzeug: das Experimentieren. Nur nachdem wir Experimente angestellt haben, sind wir bereit, etwas zu akzeptieren oder zu verwerfen, und bei allem Reden von Gewißheiten haben wir das starke Bewußtsein, wie relativ alles ist. Für unsere religiöse Entwicklung können die Universitätsjahre die idealste Zeit sein, um unsere religiösen Vorstellungen und Werte „aus zweiter Hand" gegen solche „aus erster Hand" einzutauschen (Allport). Sie bietet uns die Gelegenheit, in einem solchen Maß uns selbst anzunehmen und auf schöpferischen Abstand zu gehen, daß wir etliche verantwortungsvolle Experimente anstellen können.

Während der Universitätsjahre kann sich ein neuer wichtiger Gesichtspunkt eines reifen religiösen Empfindens entwickeln: „Ich kann Sicherheit finden, ohne übertrieben selbstsicher zu werden" (Allport). Bei Antritt unseres Universitätsstudiums bringen wir viele religiöse Begriffe und Vorstellungen mit, die selbstverständlich schienen und nie in Frage gestellt wurden. Die Frage ist, ob wir den Mut haben, hinter viele Dinge ein Fragezeichen zu setzen; ob wir uns Zweifel erlauben können, ohne ganz den Boden unter den Füßen zu verlieren. Nur wer sich in dieser Welt sicher fühlt, kann Risiken auf sich nehmen, und nur wer ein Grundvertrauen ins Leben hat, verfügt über die Freiheit, vieles in Frage stellen zu lassen, ohne sich bedroht zu fühlen. Das Vertrauen schafft die Möglichkeit einer Religion des Suchens, und diese wiederum ermöglicht echte Hingabe, ohne schon in allem Gewißheit zu besitzen. Wenn wir ein grundsätzliches Vertrauen ins Leben haben, können wir mit Hypothesen leben, ohne absoluter Gewißheit zu bedürfen.

Ein Mensch, der während seiner Universitätszeit nie irgendwelche religiöse Zweifel hat, läuft wahrscheinlich mit verbundenen Augen durch die Gegend; wer nie mit seinen traditionellen Werten und Vorstellungen Experimente angestellt hat, war höchstwahrscheinlich eher ängstlich als frei; wer niemals Papis oder Mamis Ratschläge hinterfragt hat, hat vermutlich nie ein kritisches Denkvermögen entwickelt; und wer nie von den vielen zweideutigen, zwiespältigen und scheinheiligen Erscheinungen seiner religiösen Umgebung angefochten wurde, war in Wirklichkeit auch nie mit etwas wirklich zufrieden. Wer sich dagegen dem ausgesetzt hat, ist ein Risiko eingegangen. Er hat riskiert, nicht nur seine Eltern, sondern auch seine Freunde vor den Kopf zu stoßen; er hat sich dem Risiko ausgeliefert, sich von seiner Vergangenheit entfremdet zu fühlen; er hat sich der Gefahr ausgesetzt, sich an allem, was mit Religion zu tun hat, ja selbst am Wort „Gott" zu stoßen. Er hat sogar das Risiko auf sich genommen, in jene öde Einsamkeit zu geraten, aus der heraus Jesus Christus geschrien hat: „Gott, mein Gott, warum hast du mich verlassen?"

Auf der Universität können wir oft mit Schmerz und Enttäuschung entdecken, daß den reifen religiösen Menschen nur eine ganz dünne Wand vom Agnostiker trennt, und oft wissen wir gar nicht mehr richtig, was unseren Geisteszustand besser beschreibt: die Bezeichnung „Agnostiker" oder „Glaubender auf der Suche". Vielleicht sind sie enger miteinander verwandt, als wir zu denken geneigt sind.

E. Der Erwachsene

Ein Charakterzug des Erwachsenenalters ist von besonderer Bedeutung für unsere religiöse Haltung: der rege Geist eines Erwachsenen zeichnet sich durch eine ganzheitliche Lebensphilosophie aus. Wenn wir uns selbst aus der Vogelperspektive bei unserem Alltagsleben zusehen könnten, würden wir vielleicht verwundert die Frage stellen: warum rennen wir eigentlich so geschäftig durch die Gegend, was hält uns eigentlich ständig in Unruhe, was macht uns eigentlich ständig so viele Sorgen? Wir könnten mit Alfie fragen: „Worum geht's bei all dem eigentlich?" Wenn man darauf keine brauchbare Antwort findet, könnte die redlichste Reaktion darauf eine öde Langeweile sein. Viele Menschen, die keinen Sinn mehr in ihrem Leben und in ihren tagtäglichen, oft äußerst stupiden Tätigkeiten sehen, fühlen sich gelangweilt. Langeweile ist eine Öde im Leben, die man bis in den Magen hinein spürt. Wenn das Alltagsleben eines Menschen von penetranter Lauheit ist, ist ihm „eigentlich alles egal". Fragen wir uns näher, worin die Langeweile besteht, so könnten wir sagen, sie zeichnet sich aus durch die Zerstückelung unserer Erfahrungen. Damit ist gemeint, wir erfahren einzelne Situationen unseres Lebens so, daß sie keinerlei Zusammenhang mit unserer Vergangenheit oder Zukunft zu haben scheinen. Jeder Tag scheint eben einfach ein weiterer Tag zu sein, gleich-gültig wie alle anderen, farblos und trüb, beliebig austauschbar mit jedem anderen. Das ist ein Zustand, bei dem wir immer wieder „Nervenkitzel" brauchen – ganz kurze, künstliche Stimulantien, die uns für einige Augenblicke unserer Langeweile entreißen, ohne für unsere Vergangenheit oder Zukunft irgendwie von Belang zu sein.

Ein langweiliges Leben ist ein zusammenhangloses Leben, das mit tausenderlei verschiedenen Wörtern, Ideen, Gedanken und Handlungen angefüllt ist, und alles sieht aus wie ein Haufen Abfall in einem öden Tümpel. Die Langeweile führt leicht in die Depression; sie kann zum alles durchdringenden Gefühl werden, zu einem schleichend versucherischen Gift, das nur sehr schwer loszuwerden ist. Besonders wenn wir unser Studium abgeschlossen, eine Familie gegründet und eine berufliche Existenz aufgebaut haben, kann uns dieses Gefühl tiefer Langeweile überwältigen und mit der Frage peinigen: „Was soll das eigentlich alles?" Wir haben jetzt alles, und in absehbarer Zeit werden wir tot, vergangen und vergessen sein, und von uns werden in der Erinnerung vielleicht bloß noch unsere Absonderlichkeiten und Marotten übrigbleiben.

In dieser Hinsicht wirkt sich ein reifes religiöses Empfinden schöpferisch aus. Es ist einer Gesamtschau fähig und bringt deshalb die vielen versprengten Wirklichkeiten des Lebens auf einen gemeinsamen Nenner und gießt sie in eine ganzheitliche Sinngestalt. Die tausend Einzelstücke fügen sich wie ein Puzzle zusammen und lassen ein Muster aufscheinen, das wir zuvor nicht hatten sehen können. Wenn viele Menschen in einem Riesenstadion mit bunten Tüchern ein Wort oder Symbol formen, scheint jeder einzelne zusammenhanglos und nichtssagend neben dem andern zu sitzen; aber aus weitem Abstand betrachtet, fügen sie sich alle zu einer sinnvollen Aussage zusammen. So ist es auch, wenn man sein Leben in der Gesamtschau betrachtet: die vielen Puzzleteile erweisen sich als zu- und ineinandergehörig, und zusammengefügt zeigen sie Sinn und Richtung auf. Das meinen wir, wenn wir sagen, eine reife Religion gebe dem Leben Sinn und Richtung, stecke ihm ein Ziel auf und stelle ihm eine Aufgabe, die es zu bewältigen gilt. Es kann sein, daß sie uns dazu inspiriert, Beruf, Heimat und Familie zu verlassen, um unser Leben für die Leidenden und Armen einzusetzen. Es kann uns eingeben, uns in Schweigen, Einsamkeit und Kontemplation in ein Trappistenkloster zurückzuziehen.

Diese neue Sichtweise ist das, was wir „Glauben" nennen. Der Glaube erschafft nichts Neues, aber er fügt den Grundgegebenheiten unseres Lebens eine neue Dimension hinzu. Er schmilzt unsere zersplitterte Persönlichkeit zu einem sinnvollen Ganzen zusammen, er macht unser gespaltenes Selbst eins. Für den suchenden Geist ist er eine Quelle der Inspiration; er legt den Grund für eine schöpferische Gemeinschaft und ist ein unablässiger Anreiz, unser Leben immer wieder zu erneuern.

Damit sind wir ans Ende unserer Reise vom magischen Denken zum Glauben gekommen. Angefangen hatten wir, als wir noch im Schoß unserer Mutter zusammenfaltet und mit der Welt eins waren, in der wir lebten. Wir entfalteten uns langsam und bewegten uns aus dem magischen Einssein in ein selbständiges Dasein. Dabei machten wir die Entdeckung, daß wir nicht allein, sondern ständig im Gespräch mit unserer Umgebung waren; und schließlich kamen wir so weit, daß wir all die vielfältigen Elemente unseres Lebens zu einer neuen Einheit zusammenbrachten – nicht mehr in diejenige des Magischen, sondern in die Einheit des Glaubens.

Zweites Kapitel

Nähe im menschlichen Miteinander: Wie schwer es ist, wirklich zu lieben

Dieses Kapitel möchte ich als einen „Bericht über die Möglichkeit und Erwünschtheit der Liebe" verstanden wissen. Denn die eigentliche Frage lautet nicht: Was soll ich tun, wenn ich mit einem Mal einen anderen Fremden in dieser Welt von Herzen liebe?, sondern eher: Kann diese Liebe überhaupt jemals eine echte Wirklichkeit werden? Viele fragen sich, ob wir dazu verdammt sind, füreinander Fremde zu bleiben. Steckt nicht in jeder noch so intimen Begegnung ein Splitter Mißverständnis, in jedem Versuch, eins zu werden, die schmerzliche Erfahrung, dennoch getrennt zu bleiben, in jedem Akt der Hingabe ein ängstlicher Vorbehalt? Gibt es eine fatale Beimischung Haß im Kern von allem, was wir Liebe nennen?

Vermutlich hat sich jeder von uns schon gelegentlich in einem seiner einsamen Momente gefragt, ob es in unserer Welt, in der alles dem Wettbewerb und der Leistungsforderung ausgeliefert ist, einen Winkel gibt, wo man sich ungeschützt entspannen, sich jemand anderem aussetzen und vorbehaltlos hingeben kann. Dieser Winkel kann ganz klein und versteckt sein. Aber wenn es ihn wirklich gibt, wäre es aller Mühe wert, ihn durch alles verwirrende Gestrüpp unserer menschlichen Beziehungen hindurch beharrlich zu suchen und zu finden.

Wie können wir diese Suche anstellen? Ich möchte zunächst zwei Grundformen der Einstellung zur Wirklichkeit genauer beschreiben und verstehen helfen, nämlich die Form des Machtergreifens und die Form des Liebens, oder mit anderen Worten die Form des Zugreifens und die Form des Loslassens. Dann möchte ich genauer untersuchen, in welcher Beziehung diese Formen zum Zerstören und zum Erschaffen stehen. Erst dann können wir sinnvollerweise die Frage stellen, ob die Liebe ein utopischer Traum oder eine Möglichkeit in unserer Reichweite ist.

A. Die Form des Zugreifens

Richten wir unsere Aufmerksamkeit zunächst auf die zugreifende Seinsweise. Das ist die Weise der Macht. Stellen wir uns einen Menschen vor, der in der ständigen Angst lebt, alles, was ihm begegnet, überfordere ihn. Ich meine wirklich alles. Es sieht ganz so aus, als könne er die vielen Bruchstücke seines Lebens nicht mehr in einer sinnvollen Einheit zusammenhalten. Er ist nervös, er zittert, er ist angespannt und ruhelos, und er hat seine übliche Fähigkeit verloren, sich zu konzentrieren und schöpferisch tätig zu sein. Er sagt: „Ich schaffe es nicht mehr. Alle mögen mich, meine Freunde halten große Stücke auf mich – aber sie kennen mich nicht wirklich. Würden sie dahinterkommen, wer ich wirklich bin und wie ich mich wirklich fühle, würden sie mich nicht mehr anschauen. Ich weiß, daß ich oft hasse statt zu lieben, daß ich zuweilen lieber verletzen als heilen möchte, lieber töten als aufrichten. Ach, ich bin ein entsetzlicher Heuchler." Wenige Menschen werden ausdrücklick so sprechen. Vielleicht sagen wir es zuweilen zu uns selbst und finden uns eingesperrt in ein Gefängnis der Angst. „Würden sie mich wirklich kennen, dann würden sie mich nicht mehr lieben." Das ist die Angst, daß die andern einem auf die Schliche kommen, daß man ertappt wird.

Betrachten wir diese alles durchdringende Form des Zugreifens genauer[1]. Nimmt man eine Teetasse am Griff, so kann man sie etwas von sich weghalten und sie von allen Seiten anschauen. Man kann sie zu einem gefügigen Instrument in seiner Hand machen. Man kann sie in jede gewünschte Lage bringen. Man hat sie vollkommen unter Kontrolle, denn man hat sie in der Hand, hat sie in seiner Macht. Viele unserer menschlichen Beziehungen sind von ganz ähnlicher Art. Wenn man sich über einen Vierjährigen ärgert, ihn an den Ohren nimmt und seinen Kopf wie eine Teetasse schüttelt, fühlt er sich verletzt, erniedrigt, wie ein Objekt behandelt. Wenn ein Neuling bei der Aufnahmefeier in die Studentenverbindung an der Nase gefaßt, am Bein gezogen oder in die Backen gekniffen wird, fühlt er sich ausgeliefert. Aber schlimmer als diese physischen Formen ist die psychische Art und Weise, wie wir unseren Mitmenschen pakken können. Wir können ihn an seiner empfindlichen Stelle anfassen, können an seine verborgene Schwäche rühren, können ihn zum Objekt machen, das wir uns aus einem gewissen Abstand anschauen, hin und her wen-

[1] Vgl. L. Binswanger, Grundformen und Erkenntnis menschlichen Daseins, Zürich 1953, 266–281.

den und an die Stelle dirigieren, an der wir es gern haben möchten. Es ist leicht zu sehen, daß diese Art des Zugreifens eine Form der Machtausübung ist. Es handelt sich dabei um eine Art Erpressung, bei der wir die Schwäche des andern griffbereit in der Tasche haben, um sie jederzeit hervorziehen und gegen ihn gebrauchen zu können, wenn er uns im Weg steht.

Es gibt in unserem Leben zu viele Beispiele, als daß wir in Abrede stellen könnten, diese zugreifende Daseinsweise nehme einen beherrschenden Rang ein. Da sitzt man beieinander und unterhält sich frei und entspannt über eine gute Bekannte, die man sehr gern hat, und es kann passieren, daß ein Fremder hereinkommt und sagt: „Von was redet ihr gerade? Über Mary? Ach, dieses Lotterweib ..." Alles erstarrt. Mary ist plötzlich zu einem Objekt, einem Ding, einen Gegenstand der Unterhaltung geworden; das Gespräch erstirbt und verkommt oft zu einem verbalen Schlagabtausch. Wenn sich ein Psychologe darin gefällt, einen Patienten als das klassische Beispiel eines besessenen Neurotikers zu erkennen, ihn mit dem neuen Etikett versehen heimschickt und sich im Licht seiner zutreffenden Diagnose sonnt, hat er den Patienten an seinem Schwachpunkt gefaßt und ihn als Fall in seine Kategorien eingeordnet, statt ihn zu heilen. Wenn Menschen deine Lebensgeschichte durchforsten und darin wunde Punkte suchen, die sie gegen dich verwenden können, falls du ihre Macht in irgendeiner Weise bedrohst, so handeln sie in der zugreifenden Form.

Der russische Schriftsteller Daniel, der das Opfer einer öffentlichen Schriftstellerverurteilung geworden ist, beschreibt recht anschaulich, wie man durch die Enthüllung eines dunklen Fleckens in seiner Vergangenheit in Isolation, Verzweiflung und schließlich völlige Selbstauflösung getrieben werden kann. Die Vergangenheit eines Menschen zu kennen, kann die tödlichste Waffe in menschlichen Auseinandersetzungen sein; sie löst Scham und Schuldgefühle aus und kann einen Menschen in den moralischen und sogar physischen Tod treiben.

Aber wir brauchen gar keine derart dramatischen Beispiele. Verhält sich nicht jeder Student, der ein Aufnahmeformular ausfüllt, und jeder Professor, der Empfehlungsschreiben ausstellt, gemäß dieser Struktur des Zugreifens in unserem Leben? Man beurteilt, bewertet, prüft uns, man teilt uns ein, diagnostiziert und klassifiziert uns von unseren ersten Lebensjahren an. Das beginnt schon damit, daß unsere Eltern unsere ersten Gehversuche mit denjenigen des Nachbarskinds vergleichen. Im Laufe der Zeit stellen wir immer deutlicher fest, daß unsere Personalakte ihr Eigenleben entwickelt, unabhängig von dem unsrigen. Und so ist es nicht weiter verwunderlich, daß wir uns oft für Zwecke eingefangen, vereinnahmt und mißbraucht fühlen, die wir gar nicht wollen. Dann besteht meine Hauptsorge nicht mehr darin, wer ich bin, sondern als wer ich angesehen werde, und nicht mehr darin, was ich denke, sondern was andere von mir denken.

Wenn wir aus dieser Haltung des Zugreifens leben, verhalten wir uns nach Prinzipien der Macht und sind dabei von Angst inspiriert. Wir sind bis an die Zähne bewaffnet, beobachten sorgfältig alle Regungen unseres Gegenüber, passen den rechten Moment und den wunden Punkt ab, um möglichst wirksam zurückschlagen zu können. Tun wir das nicht, dann könnten wir Wesentliches verpassen: den idealen Job, das beste Gymnasium, die Versetzung nach Alaska (auf die wir spekuliert hatten, während die anderen nach Vietnam in den Krieg geschickt wurden) oder sogar den Mann oder die Frau, die wir hatten unbedingt heiraten wollen. Und so spinnen wir uns selbst oft auf sehr versteckte Weisen in den Kokon unserer Welt des Zugreifens ein.

Sogar das Verständnis für Menschen, das das genaue Gegenteil des sich ihrer Bemächtigens zu sein scheint, wird vom Machtgelüst befleckt. Menschen „psychologisch zu verstehen" bedeutet in diesem Fall, ihrer verborgenen Motive habhaft zu werden. Es ist dann, als sagten wir: „Von dem brauchst du mir gar nicht erst anzufangen. Den kenne ich durch und durch." Lange Therapie- und Beratungsstunden können damit vergeudet werden, daß der Patient herauszubringen versucht, welche Technik der Berater anwendet. Gilt das nicht auch für viele private Verabredungen? Zuweilen hat es den Anschein, als fühle sich ein Bursche im Klassenzimmer entspannter, als wenn er mit einem Mädchen allein ist. Statt sich frei zu fühlen, um seinen Gefühlen freien Lauf lassen zu können und dem Mädchen, das er liebt, seine Stimmungen und Sorgen zu offenbaren, nimmt er sich mehr denn je zusammen, weil er die richtigen Bemerkungen zum richtigen Zeitpunkt beisteuern möchte. Dadurch ist er alles andere als spontan. Was von weitem wie Liebe aussieht, erweist sich bei näherem Zusehen oft als Angst. Ich sage: „Ich möchte mir nichts vergeben, ich möchte mich nicht herumschubsen lassen. Ich möchte Herr der Lage bleiben. Und überhaupt – es ist immer besser, jemanden fallenzulassen, als selber fallengelassen zu werden."

Das alles weckt in uns den Verdacht, daß die Wirklichkeit, die wir „Liebe" nennen, nichts anderes sein könnte als ein Mäntelchen, mit dem wir die nüchterne Tatsache verkleiden, daß sich Mann und Frau in einem langanhaltenden, unterschwelligen Scharmützel voller Eroberungsstreiche gegenseitig zu besiegen suchen, wobei dann immer einer von beiden der Gewinner ist, der den andern entsprechend seinem Lebenskonzept manipuliert. Die Liebe scheint also als eine weitere Form der Besitzergreifung unseres Mitmenschen entlarvt zu sein, als besonders raffinierte Ausübungsweise unserer alles durchsetzenden Macht über ihn.

Wenn das stimmt, wird ein unausweichliches Element in unserem Leben das Zerstören, denn wenn die Grundhaltung des Zugreifens die allgemeine Spielregel ist, bedeutet das, daß unsere Schwäche jederzeit als Waffe gegen uns eingesetzt werden kann und daß es für uns keinen sicheren Platz im Leben gibt. Thomas Merton hat in seiner Erörterung der Gewaltlosigkeit darauf hingewiesen, daß sich diese Grundhaltung des Zugreifens auf die Vorstellung gründet, das Böse sei unwiderruflich. Deine Fehler, deine Ausrutscher und Vergehen sind unabänderliche Eintragungen in deinem Lebenslauf. Das Böse ist folglich endgültig und unverrückbar. Unabänderliches aber läßt sich nur dadurch beheben, daß man es zerstört. Wenn man das Böse nicht umkehren und vergeben kann, dann kann jemand, der aus der Haltung des Zugreifens lebt, nur eines mit ihm tun: es herausschneiden, es ausreißen, es zu Asche verbrennen. In letzter Konsequenz bedeutet das, daß Zärtlichkeit, Sympathie und Liebe lediglich als Ausdrucksweisen der Schwäche erachtet werden können, die man ausrotten sollte, und daß jeder Fehler endgültig und unverzeihlich ist. Eine Geste, die unangemessen war, wird dann zur peinigenden Erinnerung, ein böses Wört ruft quälende Gewissensbisse hervor und ein Augenblick der Glaubensschwäche führt in die Verzweiflung und in die Zerstörung des Lebens.

Das sind die Triebkräfte von Krieg und Haß. Halten

wir uns die Tausende von Menschen vor Augen, die in Nervenkliniken leiden, die Millionen Kinder, die im Spannungsfeld zwischen Vater und Mutter aufgerieben werden, die endlose Zahl von Menschen, die voneinander getrennt und alleingelassen werden, so stellt sich uns die Frage, ob überhaupt jemand dieser Haltung des Zugreifens im Leben entkommen kann. Es ist die Haltung der Macht, die zur Zerstörung führt, solange die Macht nicht in unseren Händen ist.

Wenn wir unsere Lage so sehen: als ein Eingesperrtsein in den Teufelskreis von Zugreifen, Macht und schließlicher Vernichtung, kommt es uns vor, als sei uns das Schicksal beschieden, niemals wirklich lieben zu können. Der Machtmensch wird nicht ohne einen Unterton von Sarkasmus sagen: „Liebe, Frieden und Verzeihen sind die Träume von Leuten, die noch nicht in den Teufelskreis hineingeraten sind. Aber man muß bloß abwarten, bis sich ihr primitivster Überlebenstrieb unwiderstehlich meldet. Dann werden sie nicht bloß nach dem Leben greifen, sondern es gewaltsam herbeizerren."

B. Die Form des Verzeihens, das ist: die Form der Liebe

Jedoch der Mensch mit dem Mut, uns zu vertrauen, hat gesagt: „Wenn meine Freunde wüßten, wer ich wirklich bin und was ich wirklich denke, dann würden sie mich gar nicht mehr anschauen; sie würden mir ins Gesicht spucken und mich mit meiner Heuchelei alleinlassen." Dieser Mensch hat den geschlossenen Kreis energisch durchbrochen. Er ist irgendwie weit über das bloß Vernünftige hinausgesprungen und hat die Mauern des Sich-Schämens durchbrochen. Er hat daran geglaubt, daß das Bekenntnis möglich ist. Wenn ein Mensch in Tränen ausbricht, wenn die Fassaden seiner Selbst-Inszenierung ineinander zusammenfallen und wenn er fähig wird, seine äußerste Verzweiflung und Bedürftigkeit, seinen Haß und seine Eifersucht, seine Gemeinheit und innere Zwiespältigkeit zutage treten zu lassen, dann glaubt er auf irgendeine Weise, daß wir nicht nach ihm greifen und ihn zerstören werden. Es ist, als habe ihm jemand zugeflüstert: „Hab keine Angst, es zu sagen."

Vielleicht erinnern wir uns an die wenigen Gelegenheiten in unserem Leben, bei denen wir es fertiggebracht haben, jemandem, den wir lieben, unser wahres Ich zu zeigen: nicht nur unsere großen Erfolge, sondern auch unsere Niederlagen und Schmerzen, nicht nur unsere guten Absichten, sondern auch unsere fragwürdigen Motive, nicht nur unser freundliches Gesicht, sondern auch unseren dunklen Schatten. Zwar braucht man dazu einigen Mut, aber gerade das könnte einen neuen Horizont aufreißen und eine neue Lebensart einleiten. Dieses Durchbrechen des geschlossenen Kreises wird oft als Bekehrungserlebnis beschrieben; es kann plötzlich und unerwartet oder langsam und ganz allmählich kommen. Die Leute heißen uns dann vielleicht einen verrückten Idealisten, einen wirklichkeitsfremden Träumer, einen hochgradigen Romantiker – aber das ficht uns im Tiefsten nicht an, denn wir wissen mit einer neuen, vorher noch nie erfahrenen Art von Gewißheit, daß Friede, Verzeihen, Gerechtigkeit und innere Freiheit nicht bloß leere Worte sind. Sich bekehren heißt entdecken, daß Liebe möglich ist.

Was kann uns zum besseren Verständnis dieser liebenden Daseinsweise verhelfen, die uns weit über die zugreifende Lebensweise hinausführt? Die Liebe gründet sich nicht darauf, daß man dazu bereit ist, auf den andern zu hören, für seine Probleme Verständnis zu haben oder sein Anderssein zu tolerieren. Im Tiefsten gründet sich die Liebe darauf, daß wir einander mit unserem ganzen Selbst gegenseitig offenbaren. Das schenkt uns die Freiheit, nicht nur zu beteuern: „Meine Stärke soll auch deine Stärke sein", sondern auch zu sagen: „Dein Schmerz soll auch mein Schmerz sein, deine Schwäche auch meine, deine Sünde auch meine." In dieser innersten Gefährtenschaft in der Schwäche liegt der eigentliche Geburtsort der Liebe. Wo jemand die Offenlegung des tiefsten Angewiesenseins eines andern als Einladung versteht, diese existentiellste Erfahrung mit ihm zu teilen, da treten wir auf ein ganz neues Feld des Lebens. Denn wenn Menschen so ihre Schwäche miteinander teilen, kann die Gewalttätigkeit überwunden werden. Wenn wir gerade im Begriff sind, nach Steinen zu greifen, um jemanden damit zu bewerfen – und Wörter können genauso verletzend wie Steine sein –, könnte jemand den Mut haben, zu schreien: „Wer ohne Sünde ist, der werfe den ersten Stein!" Sind wir erst einmal zu glauben bereit, daß der Weizen nur seine volle Reife erlangen kann, wenn wir auch das Unkraut darunter mitwachsen lassen, brauchen wir nicht mehr vor jeder Auseinandersetzung Angst zu haben und jeder heftigen Diskussion aus dem Weg zu gehen. Hier ist der Punkt, wo die Liebe zu einem Lächeln fähig ist und wo der Humor zärtlich statt zynisch sein kann.

Wer von uns kennt nicht solche Gelegenheiten? John und Sally gehen miteinander im Park spazieren. Nachdem John zehn Minuten lang gescheit über Hegel, Kierkegaard, Camus, Sartre und einige andere seiner augenblicklichen Lieblingsautoren geredet hat, verstummen beide längere Zeit. Dann fragt Sally: „John, liebst du mich?" John verwirrt die Frage etwas: „Natürlich, aber ich wollte eigentlich gerade erfahren, was du vom Existentialismus hältst." Sally darauf: „John, ich will nicht bloß einen Philosophen heiraten. Ich will dich heiraten." John ärgert das. „Sei nicht so dumm und albern! Wenn wir uns nie vernünftig unterhalten können, wie sollen wir da jemals miteinander auskommen?" Sally: „Zur Liebe gehört noch ein bißchen mehr, als sich vernünftig unterhalten zu können. Ich möchte nicht einfach eine von vielen deiner Klassenkameradinnen sein."

An diesem Abend wurde ihr Spaziergang kurz. Aber vielleicht waren sie später imstande, darüber zu lachen und zu sagen: „Zumindest haben wir uns nicht gescheut, unsere wirklichen Gefühle zu zeigen." Wären John und Sally nur lieb, verständnisvoll und harmonisch miteinander gewesen, wären ihnen vielleicht Zweifel gekommen, ob sie wirklich so frei waren, um einander lieben zu können. Aber gerade bei solchen Gelegenheiten wird die Liebe sichtbar.

Sehen wir uns jetzt einige Merkmale der Liebe näher an. Zuallererst einmal ist Liebe *wahrhaftig.* Die Wahrhaftigkeit schafft für die Gefährten in der Schwachheit die unerschütterliche Grundlage, auf der sie sich bewegungsfrei fühlen. Mit Wahrhaftigkeit ist vor allem gemeint, daß wir uns in unserer menschlichen Unzulänglichkeit voll annehmen und dazu stehen. Das bedeutet praktisch, daß niemand über irgendeinen anderen Menschen Machtbefugnisse hat. Wir können einander auf Dauer nur treu sein, wenn wir ständig wahrhaftig unsere unvollkommene Menschlichkeit anerkennen; das bewahrt uns vor Unechtheit, Hohlheit und Verstellung.

Das zweite Merkmal der Liebe ist, daß sie *zärtlich* ist. Vielleicht wird es in nichts anderem so offenkundig, daß die Liebe die Haltung des Zugreifens überwindet, wie im Umstand, daß sie zärtlich ist. Liebende Hände vereinnahmen nicht, greifen nicht gewaltsam zu, halten nicht fest. Sie streicheln. Durch das Streicheln zeigen Hände, daß sie zärtlich sein können. Das behutsame Berühren mit der Hand fördert Leben. Wie ein Gärtner die Blumen behutsam anordnet, damit alle vom Licht beschienen und in ihrem Wachstum gefördert werden, so ermöglichen es die Hände des Liebenden dem andern, sich voll zu entfalten. Ein liebender Mund beißt nicht zu, verschlingt und zerstört nicht. Er küßt. Man küßt jemanden nicht, um ihn in sich aufzunehmen, sondern um sich völlig und angstfrei hinzugeben. Ein liebendes Auge stellt dem Leib des andern nicht durch ein Sartresches Schlüsselloch nach, noch verursacht es Scham, indem es das Gefühl weckt, ausgezogen und begafft zu werden. So fühlte sich Noach, als sein Sohn Ham seinen entblößten Leib betrachtete; aber ein liebendes Auge umhüllt den Leib des andern mit dem warmen Strahlen eines bewundernden Lächelns, und das ist ein Ausdruck der Zärtlichkeit.

Schließlich und äußerst wichtig ist, daß die Liebe völlig *schutzlos* ist. Eine Begegnung in Liebe ist eine Begegnung ohne Waffen. Vielleicht fällt die Abrüstung bei der zwischenmenschlichen Begegnung schwerer als die Abrüstung zwischen den Staaten. Selbst in der intimsten Beziehung sind wir fähig, noch irgendwelche Revolver oder Messer versteckt zu halten. Eine alte bittere Erinnerung, ein leichter Verdacht über unlautere Beweggründe oder ein winziger Zweifel können scharf sein wie ein in der Hinterhand verborgenes Messer und als Verteidigungswaffe für den Angriffsfall dienen. Sind wir fähig, jemals einem Mitmenschen völlig schutzlos gegenüberzutreten? Können wir uns ihm ganz und gar mit unserer Verletzlichkeit offenbaren? Das ist der Kern der Frage.

Sind Mann und Frau imstande, das Element Macht ganz aus ihrer Beziehung auszumerzen und völlig füreinander verfügbar zu werden? Wenn ein Soldat zum Essen kampiert, legt er seine Waffen beiseite, denn Essen bedeutet Frieden und Ausruhen. Wenn er seinen Körper zum Schlaf ausstreckt, ist er mehr denn je dem Angriff ausgesetzt. Tisch und Bett sind die beiden Orte, wo die Liebe schwach sein darf. In der Liebe ziehen Mann und Frau alle Formen der Macht aus und umarmen einander als völlig Entwaffnete. Die Nacktheit ihrer Körper ist lediglich ein Symbol ihrer völligen Verwundbarkeit und Verfügbarkeit.

Wenn die körperliche intime Begegnung von Mann und Frau nicht Ausdruck ihrer völligen Verfügbarkeit füreinander ist, haben sie noch nicht die schöpferische Gefährtenschaft der Schwachen miteinander gefunden. Jede sexuelle Beziehung mit eingebauten Vorbehalten, mit seelischen Einschränkungen oder zeitlichen Eingrenzungen bewegt sich immer noch im Schema der Zugreif-Haltung. Das bedeutet dann unausgesprochen: „Ich möchte dich jetzt, aber nicht morgen. Ich möchte etwas von dir, aber ich möchte nicht *dich.*" Liebe ist grenzenlos. Nur wenn sich Mann und Frau einander in vorbehaltloser Hingabe schenken, das heißt, mit ihrem ganzen Wesen ihr ganzes Leben lang, kann ihre Begegnung in Fülle fruchtbar werden. Wenn sich Mann und Frau sorgfältig um das Weiterwachsen ihrer Beziehung mühen und dadurch die Freiheit restloser gegenseitiger „Abrüstung" erlangen, wird ihr Geben auch zum Ver-geben, ihre Nacktheit voreinander weckt nicht Scham, sondern den Wunsch, alles miteinander zu teilen, und ihre allerletzte Verwundbarkeit wird zum innersten Quellort ihrer beiderseitigen Stärke. Im Zustand völliger Verwundbarkeit wird neues Leben geboren – das ist das Geheimnis der

Liebe. Macht tötet. Schwäche schafft neues Leben. Sie erschafft Selbständigkeit, Selbstbewußtsein und Freiheit. Sie schafft Offenheit für ein ständiges Hin und Her von Geben und Nehmen. Und schließlich erschafft sie den Nährboden, auf dem sich neues Leben voll entfalten und auf dem es reifen kann. Aus diesem Grund bietet die allergrößte Gewähr, daß sich ein Kind an Leib, Verstand und Seele gesund entfaltet, nicht etwa das Maß an Zuwendung, das es erfährt, sondern die vorbehaltlose Liebe seiner Eltern zueinander.

Wäre die Haltung des Zugreifens unsere einzige Möglichkeit, so wären wir zur Vernichtung bestimmt. Aber wenn Liebe gesucht und gefunden werden kann, kann auch die Schöpfung existieren. Denn die Liebe gründet sich, um noch einmal Thomas Merton zu zitieren, auf das Vertrauen, daß alles Böse widerrufbar ist. Das Böse ist dann nicht endgültig und unabänderlich. Ghandis Konzept der Gewaltlosigkeit gründete sich im Wesentlichen auf seine Überzeugung, daß das Verzeihen aus jedem Feind einen Freund machen konnte, daß im Haß die Liebe verborgen ist, in der Verzweiflung die Hoffnung, im Zweifel der Glaube, im Bösen das Gute, in der Sünde die Erlösung. Liebe ist ein Akt des Verzeihens, in dem das Böse in etwas Gutes, die Zerstörung in etwas Schöpferisches umgewandelt wird. In der wahrhaftigen, zärtlichen und waffenlosen Begegnung der Liebe erschließen sich dem Menschen schöpferische Möglichkeiten. Von da her gesehen wird es offensichtlich, daß die sexuelle Begegnung ein religiöser Akt ist. Aus der totalen Entwaffnung und Entblößung des Menschen an seinem Kreuz, der sich mit seiner äußersten Verwundbarkeit preisgibt, ersteht der neue Mensch und entfaltet ein Leben in Freiheit. Und genau in dieser Gebärde der Selbstauslieferung finden wir doch unsere höchste Erfüllung;

das kommt in dem neuen Leben zum Ausdruck, das wir erschaffen. In der Vergangenheit sind Religion und Sexualität oft als Gegensätze beschrieben worden; sieht man sie aber als Ausdruck der völligen Selbstauslieferung in Liebe, so verschränken sie sich ineinander zu ein und derselben Wirklichkeit.

C. Ist Liebe möglich?

Wir haben jetzt die Grundhaltung des Zugreifens und die Grundhaltung des Liebens beschrieben, die Haltung, die mittels Macht Leben vernichten und die Einstellung, die durch Vergeben neues Leben schaffen kann. Jetzt können wir zu unserer Ausgangsfrage zurückkehren: „Ist Liebe ein utopischer Traum oder eine Möglichkeit innerhalb unserer Reichweite?" Sagen wir zunächst, daß unser Leben oft von einem sehr schmerzlichen Hin und Her zwischen den beiden Bedürfnissen, zuzugreifen oder zu vergeben, bestimmt ist. Wir möchten ehrgeizig voll im Wettbewerb mit den anderen stehen, aber gelegentlich möchten wir auch verzeihen. Wir sehnen uns nach Stärke und Erfolgen, aber zuweilen haben wir das Bedürfnis, auch unsere andere Seite herauszukehren. Wir möchten töten, aber auch heilen, verletzen, aber auch Wunden verbinden. Die Welt, in der wir leben, redet uns zwar pausenlos ein, daß sich ein realistischer Mensch im Leben mit aller ihm zur Verfügung stehenden Macht durchsetzen muß; aber andererseits gibt es auch Propheten, die das alles in Frage stellen und ganz verlockend von einer ganz anderen Möglichkeit sprechen, nämlich von der Möglichkeit der Liebe. Sie alle scheinen eine Bekehrung, eine Sinnesänderung zu fordern. Aber uns stellt sich die Frage, ob wir dieses Wagnis wirklich eingehen können.

Zum Zögern angesichts dieser Frage haben wir gute Gründe. Liebe – das bedeutet Offenheit, Verletzlichkeit, Verfügbarkeit und das Eingestehen seiner eigenen Schwächen. Wenn unser Freund sagt: „Wenn meine Freunde wüßten, wer ich wirklich bin und was ich wirklich denke, würden sie mich nicht mehr anschauen; sie würden mich nicht mehr lieben, sondern hassen.", so spricht er von einer wirklichen Möglichkeit. Man riskiert sehr viel, wenn man aufrichtig ist, denn tatsächlich könnte jemand darauf nicht mit Liebe reagieren, sondern einen bei seinem Schwachpunkt packen und alles gegen einen selber kehren. Unser Eingeständnis kann verheerende Folgen für uns haben. Wenn wir unsere Fehler aus der Vergangenheit und unsere gegenwärtigen Fragwürdigkeiten enthüllen, können wir als Verlierer dastehen. Man kann uns verächtlich wegwerfen. Das ist nicht nur eine Möglichkeit, sondern die grausame Tatsache im Leben vieler Menschen, die deshalb zur Auffassung gekommen sind, Liebe und Verzeihen seien die utopischen Phantasien von Blumenkindern.

Ganz offensichtlich prägt die Haltung des Zugreifens in einem derartigen Ausmaß unseren Alltag, daß wir nicht ohne sie auskommen. Es ist fehl am Platz, die Dame von der Fernsprechauskunft zu fragen, wie sie sich heute fühlt. Es ist fehl am Platz, den Mann am Postschalter, bei dem man ein paar Briefmarken kauft, in ein Gespräch über intensive Gebetserfahrungen zu verwikkeln. Es ist fehl am Platz, seinen Lehrer nach seinen sexuellen Gewohnheiten zu fragen. Wer das tut, zerstört die mitmenschliche Kommunikation, denn er möchte ein Spiel ohne Spielregeln veranstalten, und das heißt: jegliches Spiel unmöglich machen. Wir sind klug genug, in den meisten Situationen aus der Haltung des Zugreifens zu handeln, so klug wie die Auster, die ihre harte Schale fest verschlossen hält, um ihr zartes und verletzliches Selbst zu schützen. Uns stellt sich deshalb nicht die Frage, wie wir die Haltung des Zugreifens aus unserem Leben völlig ausmerzen können, sondern ob es überhaupt eine Gelegenheit gibt, über diese Haltung hinauszugehen und unsere Schale zumindest ein wenig irgendwo irgendwie irgendwann zu öffnen.

Wie oft ist die intime Begegnung zweier Menschen ein Ausdruck ihrer völligen Freiheit? Viele Menschen lassen sich einander voll Angst und Zittern in die Arme treiben. Sie umklammern einander aus Verzweiflung und Einsamkeit. Sie kleben aneinander, um noch Schlimmerem aus dem Weg zu gehen. Wenn sie miteinander schlafen, dann eigentlich nur, um der bedrohlichen Welt zu entrinnen, um ihre tiefe Frustration zu vergessen, um für einige Augenblicke der unerträglichen Überforderung durch eine sie ständig beanspruchende Gesellschaft zu entkommen und um ein bißchen Wärme, Schutz und Sicherheit zu erfahren. Ihre Privatsphäre ist aber dennoch kein Raum, in dem sie beide sich in Freiheit entfalten und ihre gegenseitigen Entdeckungen miteinander teilen können, sondern sie ist nur ein zerbrechlicher Schutzraum in einer zugigen Welt. Aber wir können uns fragen: kann es denn jemals mehr als das sein, wenn die einzig wirkliche und endgültige Lösung des Lebens der Tod ist? Wenn wir nicht wissen, woher wir kommen oder wohin wir gehen; wenn das Leben nicht mehr ist als ein zitterndes Flämmchen zwischen zwei Finsternissen; wenn wir in dieses Dasein geworfen werden, nur um von ihm verschlungen zu werden – dann scheint das Gefühl, geborgen zu sein, unrealistisch und geradezu pathologischer Natur zu sein. In diesem Fall bleibt uns dann nichts anderes mehr übrig, als mit allen Mitteln ums Überleben zu kämpfen und alle erreichbare Macht darauf zu verwenden, die Flamme am Brennen zu halten. Ist das schuftig? Vielleicht? Aber oft scheint es besser zu sein, sich als Schuft zu gebärden, statt ganz tot zu sein.

Hier bricht der Psychologe ab, und der Philosoph setzt hinter seine letzten Sätze ein Fragezeichen. Hier sollten auch wir abbrechen – es sei denn, jemand sei imstande, den Teufelskreis zu durchbrechen. Ja, tatsächlich: hin und wieder scheint es zu geschehen, daß wir auf dem Grund unserer Verzweiflung und mitten in der Einsamkeit unseres Gefängnisses nicht hart und bitter werden, sondern offen und empfindsam für die leise Stimme eines neuen Menschen. Wer ihn wirklich hören will, kann ihn hören, wer wirklich etwas über ihn lesen will, kann etwas über ihn lesen. Bei vielen verursacht er Verwirrung und Ärger, für wenige wird er zum Zeichen der Hoffnung. Vom Geist ergriffen, verkündet der neue Mensch:

> Was von Anfang an war, was wir gehört haben, was wir mit unseren Augen gesehen, was wir geschaut und was unsere Hände angefaßt haben, das verkünden wir: ... Gott ist Licht, und keine Finsternis ist in ihm ... Wenn wir aber im Licht leben, wie er im Licht ist, haben wir Gemeinschaft miteinander ..." (1. Johannesbrief 1,1.5.7).

Mit einem Mal ist alles in sein Gegenteil verkehrt: die Finsternis in Licht, die Knechtschaft in Freiheit, der Tod in Leben, das Nehmen ins Geben, die Zerstörung in Neuschöpfung und Haß in Liebe. Mit unwiderstehlicher Kraft durchbricht die Stimme den Teufelskreis unseres Daseins und ruft uns zu:

> „Wir wollen einander lieben, denn die Liebe ist aus Gott ... (1. Joh 4,7). „Furcht gibt es in der Liebe nicht, sondern die vollkommene Liebe vertreibt die Furcht. Denn die Furcht rechnet mit Strafe, und wer sich fürchtet, dessen Liebe ist nicht vollendet" (1. Joh 4,18). „(Aber) Gott ist größer als unser Herz" (1. Joh 3,20). „Wir wollen lieben, weil er uns zuerst geliebt hat" (1. Joh 4,19).

Was bedeutet das anderes als die erlösende Offenbarung, daß Liebe tatsächlich möglich ist? Vielleicht ist das die beste Definition der Offenbarung: sie ist die Enthüllung der Wahrheit, daß man auf die Liebe bauen kann. Die Liebe reißt die Mauern unserer Ängste, unserer Qualen, unserer Engherzigkeit nieder und eröffnet uns einen endlos weiten Horizont. „Wir wollen lieben, weil er uns zuerst geliebt hat." Wir dürfen es wagen, uns trotz all unserer Verwundbarkeit zu umarmen, denn wir finden uns beide in liebevollen Händen. Wir dürfen es wagen, uns schutzlos preiszugeben, weil wir die Zusage haben, daß wir zuverlässig geborgen sind. Wir dürfen es wagen, uns fallen zu lassen, weil wir nicht in einen dunklen Abgrund stürzen, sondern in einem bergenden Daheim ankommen werden. Wir dürfen es wagen, schwach zu sein, denn wir sind von einer schöpferischen Kraft umgeben. Dies zu sagen und zu leben, erschließt eine neue Art des Wissens. Wir sind nicht von Finsternis umgeben, sondern von Licht. Wer um dieses Licht weiß, wird es auch sehen. Der Lahme wird gehen, der Taube wird hören, der Stumme wird sprechen, der Blinde wird sehen, und die Berge werden sich hinwegheben. Jemand ist uns erschienen und hat zu uns gesagt: Das Zeichen dieser Liebe ist das Zeichen der Schwäche: ein Kind, in Windeln gewickelt und in einer Krippe liegend. Das ist die Herrlichkeit Gottes, der Friede für die Welt und der gute Wille aller Menschen.

Ich könnte keine bessere Sprache als diese finden, um zum Ausdruck zu bringen, daß die Liebe tatsächlich möglich geworden ist. Wenn wir einer neuen Moral bedürfen, dann der Moral, die uns zur Gefährtenschaft der Schwachen anleitet und uns aufzeigt, daß dies für uns Menschen grundsätzlich möglich ist. Liebe besteht dann nicht darin, daß man sich aus Angst vor einer kommenden Katastrophe aneinanderklammert, sondern daß man sich in einer Freiheit begegnet, die die Gestaltung eines neuen Lebens ermöglicht. Diese Liebe kann man nicht beweisen. Wir können nur die Einladung dazu wahrnehmen, uns auf sie einlassen und dann im Verwirklichen herausfinden, daß sie wahr ist. Solange wir das Christenleben als ein Leben empfinden, das unserer Entfaltung Beschränkungen auferlegt, haben wir sein Wesen verdorben und verdreht. Die Kernaussage des Christentums besteht ja gerade darin: es ist in unserem menschlichen Dasein und Miteinander möglich, die Haltung des Zugreifens zu überschreiten.

Der Kronzeuge dieser Botschaft ist Jesus. Er hat sich den Menschen in vorbehaltloser Verwundbarkeit ausgesetzt, hat dadurch die Ketten des Todes zerbrochen und sein Leben gefunden, indem er es verloren hat. Er ruft auch uns auf, aus den Mauern unseres Gefängnisses auszubrechen. Er ruft uns auf, unserem Mitmenschen ohne Angst vors Angesicht zu treten und mit ihm in die Gefährtenschaft der Schwachen einzutreten, aus dem Wissen, daß uns das nicht ins Verderben, sondern ins Neuwerden führen wird, zu neuer Kraft, zu neuem Leben und – schließlich – in eine neue Welt.

Drittes Kapitel

Nähe im Gebet: Beten zwischen Verwirrung und Hoffnung

Es bedeutet, in eine sehr persönliche Welt einzutreten, wenn wir uns dem Thema zuwenden, wie heutige Studenten und damit junge Menschen beten. Es ist die Welt, in der sich der Student der Frage nach dem letzten Sinn seines Daseins gegenübergestellt fühlt und sich nach dem hinauszutasten versucht, was jenseits der Grenzen seiner Geburt und seines Todes liegt. In diese ganz persönliche Welt kann man nur eintreten, wenn man dazu eingeladen wird. Wollte man darin auf irgendeine Weise gewaltsam eindringen, so würde das diesen äußerst sensiblen Lebensbereich beeinträchtigen, ja das würde sogar genau die Wirklichkeiten zerstören, die wir besser verstehen lernen möchten.

Aber warum überhaupt darin eintreten? Sollte dieser allerpersönlichste Bereich nicht um jeden Preis als persönliches Geheimnis gewahrt bleiben? Indes, es könnte sein, daß wir wähnen, die Individualität eines Menschen zu achten und zu schützen, aber in Wirklichkeit vermeiden wir es, uns auf die Erfahrung der intensivsten Form menschlicher Kommunikation einzulassen. Wer mit einem anderen sein Beten teilen will, der möchte sein Leben mit ihm teilen, und nicht bloß eine Reihe von Erlebnissen, Gefühlen und Gedanken. Er möchte mit dem andern zusammen einen Augenblick erleben, in dem die Frage nach dem Sinn unseres Daseins angesprochen wird. Und vielleicht kann der Mensch gerade dann seinem Mitmenschen seinen Gott offenbaren, wenn er mit ihm sein Beten teilt.

Aus dieser Überzeugung heraus haben einige Studenten ihre Freunde gebeten, den Text eines Gebetes aufzuschreiben. Sie gingen spontan und direkt vor, ohne systematische Auslese der Teilnehmer, ohne sorgfältige Einteilung in Gruppen, Semesterzahl oder familiäre Herkunft. Sie stellten ganz einfach an eine Reihe Leute die Frage: „Machst du mit, ein Gebet aufzuschreiben?" Die Antwort auf diese Frage war bereits die erste Entdekkung: „Ja. Ja, ich will es probieren. Nach so etwas hat mich noch nie jemand gefragt, aber ich schreibe gern ein Gebet auf, und ich kann auch noch einige Bekannte fragen, ob sie mitmachen." Freunde sprachen Freunde darauf an, und im Lauf von zwei Monaten entstand eine Sammlung von 41 Gebeten. Die Verfasser waren Studenten und Studentinnen, das Spektrum ihrer Haltungen und Ansichten übers Leben war sehr breitgestreut. Manche Studenten waren regelmäßiges Beten gewöhnt, andere beteten nie. Manche lebten ganz selbstverständlich und vertraut im Hause Gottes, andere stellten die Frage, ob das Wort „Gott" überhaupt einen Sinn habe. Manche betrachteten das Leben als eine geglückte Auswahl angenehmer Dinge, andere als Folterkammer mit verschlossenen Fenstern. Manche waren regelmäßige Kirchgänger, andere gingen nie oder nicht mehr, weil ihnen der Gottesdienst langweilig vorgekommen war oder sie mit dem Glauben nichts mehr anfangen konnten. Aber alle schrieben ein Gebet auf und wollten, daß andere es läsen. Und als die Sammlung von Hand zu Hand ging und viele unterschiedliche Reaktionen auslöste, lasen die Studenten unversehens in einem Gebetbuch – und das ist eine ziemlich unübliche Art von Buch in einem heutigen Universitätsgelände.

Im vorliegenden Kapitel möchte ich diese Gebete vorstellen, nicht um daraus allgemeine Schlußfolgerungen über das Glaubensleben der Studenten zu ziehen, sondern einfach um sie als Zeugnis dafür zu zitieren, daß der Mensch unablässig nach Sinn sucht. Ein Student, der alle diese Gebete mit großer Sorgfalt und Einfühlungsgabe las, schrieb dazu: „Meiner Ansicht nach läßt sich ein persönliches Gebet nie mit bestimmten Kategorien und Definitionen fassen. Hinter den Worten schimmert etwas zu Persönliches, zu Unfaßbares, als daß man das in ein strikt analytisches System bringen könnte. Trotz dieser Schwierigkeit kann der Leser verstehen und beschreiben, was in einem bestimmten Gebet vorgeht, und wenn er reif, einfühlsam und aufmerksam ist, kann er vieles von dem erfassen, was hinter den Wörtern und Redewendungen steckt, die zu diesem Gebet zusammengefügt worden sind" (R. Bradley). Von diesem gleichen Ansatz her hoffe ich, anhand dieser Gebetssammlung die Welt des Gebets plastisch vor Augen führen zu können.

Aber gibt es einen gemeinsamen Nenner, auf den wir alle diese Formulierungen persönlicher Anliegen mit ihrer großen Vielfalt bringen können? Beim sorgfältigen Lesen der Gebete schien mir, daß sie sich zwischen zwei extremen Erfahrungen bewegen: auf der einen Seite steht die Erfahrung völliger Verwirrung und starker Selbstzweifel, aus der heraus der Student darum betet, Klarheit zu finden und sich selbst besser verstehen zu können, und auf der anderen Seite die Erfahrung einer starken, endgültigen Hoffnung, die sich dadurch auszeichnet, daß der Betreffende über eine nüchterne Selbsterkenntnis verfügt, sich selbst annimmt und noch Größeres von der Zukunft erwartet. Alle Studenten mit ihren Gebeten befinden sich irgendwo zwischen diesen beiden Polen der Verwirrung und der Hoffnung. Und so können wir auch versuchsweise die sehr unterschiedlichen Gebete an ihrer Stelle dazwischen einordnen. Überschauen wir sie alle von da her, so können wir sogar einen Weg beschrieben finden, der aus dem Gefängnis der Selbstzweifel bis zur Freiheit des gesunden Selbstbewußtseins führt. Beim Wandern zwischen diesen beiden Polen begegnen wir vielen Göttern mit vielen Gesichtern und vielen Aufgaben. Am deutlichsten fallen in dieser Sammlung die folgenden Götter auf:

A. der „Klarheit schenkende Gott“,
B. der „abgeschaffte Gott“,
C. der „Gute-Kumpel-Gott“,
D. der „mitleidende Gott“,
E. der „herrliche Gott“,
F. der „Geber-Gott“,
G. der „kommende Gott“.

A. Der „Klarheit schenkende Gott“

Unter der Maske eines zur Schau gestellten Selbstbewußtseins verbergen viele Studenten tiefe Gefühle der Verwirrung. Weil sie von Millionen einander widersprechender Anreize bombardiert und mit Gesichtspunkten, Idealen und Sehnsüchten konfrontiert werden, die einander gegenseitig ausschließen, fühlen sie sich oft im Strom der Ereignisse und Gefühle verloren; sie sehen sich der Frage ausgeliefert, wer sie eigentlich sind und wohin sie gehen. Viele werden von Fragen gepeinigt wie: „Kann ich überhaupt etwas Sinnvolles in dieser verrückten Welt tun, die heute von Gewaltlosigkeit und morgen von Revolution schwärmt, heute an einen Kreuzzug in Europa denkt und morgen ans Morden in Vietnam?" All diesen verwirrenden Eindrücken ausgeliefert, haben sie die Spur ihrer eigenen Ideen, Empfindungen und Gefühle verloren und haben sich heillos in ihr kompliziertes Inneres verstrickt.

Wenn solche Studenten beten, geht es um ihre eigene Verwirrung. Ihre Frage ist: „Was kann ich tun?" oder „Was will ich eigentlich?", und noch grundsätzlicher: „Was empfinde ich eigentlich?" Ihre Geistesverwirrung und ihr wirres Knäuel von Gefühlen kann sie völlig unfähig machen, die vielen unterschiedlichen Nuancen des Lebens wahrzunehmen. Alles: Frohsein und Traurigkeit, Sich-Ärgern und Dankbarsein, Lieben und Hassen scheint zu einem einzigen lähmenden Klumpen undefinierbarer Gefühle zusammengeschmolzen zu sein. Oft führt das in dumpfe Apathie, Öde und Müdigkeit. Wenn man allzuvielen Reizen, Attacken und Angeboten von Idealen und Parolen ausgesetzt ist, die einen in alle Richtungen gleichzeitig zerren, bleibt schließlich nichts anderes mehr übrig als die Einstellung: „Mir ist alles egal", also eine matte Gleichgültigkeit. Während sich die Mitstudenten für eine große Faschingsfete herrichten, formuliert ein Student das Gebet:

> So, da sind wir also wieder an einem Faschingswochenende. Manche von uns können dabei fröhlich und vergnügt und aufmerksam sein und alles andere vergessen, und andere haben jetzt Depressionen oder eine Stinkwut.

Ich habe nichts von alledem. Und das sagt alles über das Gefühlsloch, in das ich gefallen bin. So langsam ist das beunruhigend. Woher kommt das? Ach, alles: die Bücherei, der Krieg, das Häßliche in der Welt, die ganze Blödelei, die Intoleranz. Das alles hat jeden Enthusiasmus kaputtgemacht. Was bleibt da noch übrig? Daß man sich halt treiben läßt.

Ich glaube nicht, daß ich mich gern treiben lasse. Ich bräuchte gar nichts Tolles – aber wenigstens etwas, was mich begeistern, was mich interessieren würde. Dann könnte ich mich wenigstens auf irgendetwas einlassen, auch wenn das wieder seine Schwachpunkte hätte.

Bitte hilf allen Menschen, etwas zu finden, was sie begeistern und interessieren kann.

Aus seiner Öde und Apathie heraus bittet dieser Student darum, irgendetwas möge ihn wieder ansprechen und ihm interessant erscheinen, damit er im Labyrinth seines inneren Lebens wieder klare Markierungspunkte und Richtungsangaben und ein überschaubares Feld abgesteckt finde, auf dem sich klare Erfahrungen machen lassen. Diese Verwirrung führt oft zu einer sehr negativen Selbsteinschätzung. Viele Studenten verachten sich auf eine verschwommene Weise selbst, ja hassen sich sogar selbst. Sie haben ihre Selbstachtung verloren und sind auf ihr eigenes, ihnen unbekanntes Selbst wütend. Was man nicht kennt, kann man nicht lieben – und wie kann man sich selbst lieben, wenn man sich selbst nur erfährt als tiefe Grube voller verworrener Antriebe, Gefühle, Stimmungen und Ideen, deren man eher das Opfer als der Herr ist? Aus dieser Verwirrung heraus betet ein anderer Student:

> Hilf mir, mich selbst zu finden und zu lieben. Hilf mir, meine eigenen Probleme und die der anderen zu lösen und klarer die Richtung zu sehen, in die ich gehe. Alles ist bis jetzt so vernebelt und holprig – manchmal frage ich mich, ob ich überhaupt vorwärtskomme – und manchmal, ob ich das je schaffen werde. Nimm mir diesen Zweifel über mich selbst – oder besser: laß mich diesen Zweifel und Mangel an Vertrauen als solchen erkennen und hilf mir im Überwinden etwas daraus zu lernen. In allem, was ich tue, sehe ich, wie mein Zweifel und mein Mangel an Vertrauen drinsteckt. Ich verstecke das gut, aber wenn ich das verstecke, plagt es mich um so mehr.
>
> Hilf mir, dieses Über-Bewußtsein abzulegen, mit dem ich mir dauernd selbst zusehe. Hilf mir, meinen Zwang abzulegen, mich selbst definieren zu wollen, damit ich ganz spontan handeln und denken kann. Hilf mir sehen, daß man alle respektieren, viele lieben und manche bekämpfen muß – und daß in allen Menschen mehr steckt als ich glaube.

Aber sogar das Beten selbst wird fast unmöglich. Der Abstand zu sich selbst wird so gering und der Mensch steckt in so dichtem Nebel, daß das Beten Schuldgefühle weckt und in den Teufelskreis einer zunehmenden Selbst-Entwertung gerät.

> Herr, das kommt mir nicht wie Beten vor. Ich bin verwirrt, alles ist so wirr. Ich weiß nicht, was ich nächstes Jahr tun werde – ich weiß nicht einmal richtig, was ich nächstes Jahr überhaupt tun will, oder was ich tun müßte. Ich kriege Schuldgefühle, wenn ich zu beten anfange, denn ich fühle mich so

zwiespältig, wenn ich bloß bete, wenn ich Hilfe brauche, und nicht auch, wenn es mir gut geht.

Aber irgendwo ist ein Funke Licht, kaum wahrnehmbar und ganz winzig. Die Haltung des Betens kann zuweilen jenen kleinen Abstand von sich selbst schaffen, der der Anfang der Selbsterkenntnis ist. Wenn Beten mehr als ein narzißtisches Selbstmitleid ist, dann setzt es jemand anderen voraus, einen anderen, der nicht ich ist. Und so läßt sich beobachten, daß es der Anfang einer Lösung ist, wenn man seine Verwirrung ins Wort bringt, um sie diesem Gegenüber mitzuteilen. Beten bedeutet dann Abstand schaffen, und Gottes Antwort steckt im Akt des Betens selbst. Ein Student hat ein langes, wirres Gebet voller Selbstzweifel verfaßt und dann dieses kurze Postskript angefügt:

> Das muß doch ein Gebet sein, denn es hat schon etwas bewirkt. Wenn man über Sachen nachdenkt, werden sie klarer und finden irgendwie ihren richtigen Platz. Ich glaube nicht, daß das Nachdenken über Probleme an sich schon jemals ein Problem löst. Aber immerhin gibt das Nachdenken den Ansatz für weiteres Handeln und weiteres Nachdenken.

Hier offenbart sich der „Klarheit schenkende Gott“. Hier setzt man zum ersten Schritt aus der Verwirrung heraus an. Hier wird ein Weg sichtbar und man kann zumindest anfangen, mit den eigenen Füßen zu gehen. Neue Energiequellen erschließen sich, und dieses Gebet führt zum Ergebnis, daß man das Gefühl hat, daß man doch selber etwas tun kann. Das Postskript des Studenten gibt recht treffend Anton Boisens Überzeugung wieder: „Ich glaube an das Gebet. Ich glaube, daß seine Hauptwirkung darin besteht, herauszufinden, was von uns erwartet wird und uns zu befähigen, aus Quellen der Kraft zu schöpfen, die es ermöglichen, daß wir unsere Aufgabe zu erfüllen vermögen – ganz gleich, wie diese aussehen mag."[1]

Das Gebet öffnet uns die Augen für uns selbst; es klärt unseren Blick und befähigt uns, Schritte in Richtung Hoffnung zu machen.

B. Der „abgeschaffte Gott"

Zuweilen bedeutet der Schritt aus der Verwirrung heraus einen Schritt von Gott weg. Es ist gar nicht so selten, daß jemand dadurch innere Ausgeglichenheit und Ruhe fand, daß er den Mut aufbrachte, seinen ihn peinigenden Gott abzuschütteln. Das gott-lose Leben, zu dem er sich durchgerungen hat, wirkt wie ein Durchbruch zur Freiheit nach Jahren schmerzlicher und demütigender Bedrängnis. Diese Erfahrung einer Veränderung ist ein auf den Kopf gestelltes Bekehrungserlebnis, aber mit den gleichen psychologischen Auswirkungen wie ein solches: neue innere Freiheit, wachsende Selbstachtung, neue Hoffnung. Die Gott-besetzte Vergangenheit ist bei manchen Studenten voller Erinnerungen an Ängstlichkeit, Schuldgefühle, Angst vor Strafe, unerträgliche Bürden der Verantwortung und unrealistische Erwartungen. Sie hatten sich von einer Mauer von Verboten umschlossen gefühlt, und Gottes grausame Allmacht, sein Allwissen und seine Allgegenwart hatten ihnen ihre Selbstach-

[1] A. Boisen, Out of the Depth, San Francisco 1960, 111.

tung geraubt. Mit ihrer armseligen Nacktheit dem aufdringlichen, alles durchdringenden Auge Gottes ausgesetzt, hatten sie sich ihrer Identität im Innersten beraubt gefühlt. Solche Menschen führte die Ermordung ihres Gottes zu einer Bekehrungserfahrung und auf den Weg der Entdeckung ihres Selbst, ihrer Selbstachtung, ihres Selbstbewußtseins und ihrer Selbstbejahung. Sie hatten den Mut aufbringen müssen, ihren tyrannischen Gott abzuschaffen und ihre höchstpersönliche Individualität zurückzufordern.

Deshalb stellt das Gebet zu einem nicht existierenden Gott, zum abgeschafften Gott, keinen peinlichen Scherz dar, sondern ist der tiefe und aufrichtige Ausdruck der Erfahrung, daß man ein Paradies entdeckt hat. Ein solches Gebet kann vor Augen führen, wie hauchdünn die Scheidelinie zwischen Agnostizismus und christlichem Glauben ist. Indem der Mensch Gott abgeschafft hat, hat er für seinen Geist einen neuen Frieden und für sein Herz Freiheit von Angst errungen. Ein Student betet:

> Wenn ich mit Dir rede, habe ich den starken Verdacht, daß Du „da draußen" gar nicht da bist und auch nie da warst. Ich habe Dich verloren, und ich fühle mich seitdem viel wohler, denn Du hast mich klein gemacht und hast mich nicht mich selbst sein lassen. Ich mußte immer unter dem bedrückenden Anspruch leben, nach Deinem Willen, was ich tun sollte, zu fragen und mir den Kopf darüber zu zerbrechen, welches Ideal oder welchen Zustand der Vollkommenheit Du von mir verlangtest.
>
> Seit wir uns getrennt haben, bin ich selbstsüchtiger geworden. Ich verwende sehr viel Aufmerksamkeit auf mich selbst, auf meine eigene Entwicklung als ein menschliches Wesen. Ich vermute, daß ich

> immer noch vollkommen werden will, aber jetzt um meiner selbst willen und nicht mehr, um Dir zu gefallen. Was für mich jetzt zählt, sind die andern.

Das ist ein wirkliches Gebet. Was macht es zum Gebet? Es ist ein Dialog, ein Gespräch. Das bedeutet, daß man dabei nicht starr, verschlossen, bitter und zynisch ist, sondern offen für eine Antwort, bereit zum Hören und aufgeschlossen für das Weiterwachsen. Der gleiche Student betet:

> Falls und wenn ich Dich wiederfinde – ich halte mich bestimmt dafür offen –, dann weiß ich, daß ich Dich in den andern und in meinem Selbst finden werde. Wer weiß, vielleicht bist Du das Beste in jedem von uns.

Gott ist zum Hindernis für den Wunsch des Menschen geworden, zu seinem Nächsten gut zu sein. Statt der Weg zum andern zu sein, steht Er im Weg. Das Gebet zu einem solchen Gott wird zum Akt der Feigheit oder einfach der Schwäche. Ein Student, der sich schmerzlich der Widersprüchlichkeit seiner Gebetsgewohnheiten bewußt ist, beschreibt seine Bekehrung von Gott zu den Menschen folgendermaßen:

> Es scheint einfach kein wirklicher Grund zum Beten zu bestehen – ich spreche überhaupt keine Gebete mehr. Ich bin immer noch nicht wirklich davon überzeugt, daß es so etwas wie Gott gibt. Man erreicht oder bekommt nichts, was man nicht selbst erstrebt, erarbeitet oder von andern bekommt. Menschen zu danken, die einem in einem konkreten Fall geholfen haben, scheint mir viel wichtiger zu sein, als Gott zu danken.

Diesem Studenten ist etwas wichtiger als Gott, nämlich der Mensch. Von oder mit Gott zu reden, ist langweilig, hohl, fruchtlos und schädlich. Es hält uns von dem fern, was wirklich zählt. Mit einer neu gefundenen Freiheit sagt ein Student:

> Die belanglosen Dinge, mit denen sich die Kirche abgibt, können mich nicht rühren. Mir kommt das schlicht wie Zeitverschwendung vor.

In allen diesen Gebeten oder Nicht-Gebeten wird Gott als jemand erfahren, der den Weg zum Selbst und darum auch zum andern Menschen blockiert. Das Gebet um Selbstentdeckung ist eine Bitte an Gott, zu verschwinden, gelegentlich sogar ein gewaltsames Aus-dem-Weg-Schaffen Gottes, um Freiheit und sich selbst zu finden. Ein Mensch in dieser Lage kämpft sich aus der Verwirrung frei, indem er einen erdrückenden Gott aus seinem Leben hinauswirft.

C. Der „Gute-Kumpel-Gott“

In offensichtlich drastischem Kontrast zum abgeschafften Gott begegnen wir in den Gebeten der Studenten Gott als gutem Kumpel. Es ist der Gott, mit dem man sich ganz salopp von gleich zu gleich unterhalten kann. Auf bemerkenswerte Weise verbindet dieser Gott die Eigenschaften eines Spielgefährten mit denen eines Helfers in aller Not. Er ist wie ein größerer Bruder, gehört zur Familie, ist aber stärker und bereit, mit einem freundlichen Lächeln alle Wehwehchen des kleinen Geschwisterchens zu beheben. Man kann ihm auf die Schulter klopfen und mit ihm wie mit einem guten Kumpel reden, man kann von ihm prahlen, wenn man für sein Selbstwertgefühl ein bißchen Unterstützung brauchte. Man kann jederzeit auf ihn zählen und deshalb seine eigenen Probleme vergessen, denn er ist ja immer zur Stelle und wird es nie müde, einem aus der Klemme zu helfen. Ein Gebet zu diesem „Gute-Kumpel-Gott" lautet folgendermaßen:

> Herr, verflixt viele Sachen gehen mir derzeit auf den Keks. Was überhaupt nächstes Jahr werden soll, und besonders die ganzen Leute, die ich jeden Tag anpflaume – einfach, weil viele Beziehungen zu blöd festgefahren sind. Mensch, Herr, ich bin ein ziemlich lascher Typ. Vor allem, Herr, hilf mir, daß ich mich aufraffe, zu den Leuten ein bißchen netter und für sie etwas offener zu sein. Hilf mir auch, Herr, daß aus mir das wird, was Du aus mir machen möchtest. Hilf mir, die richtige Berufsschule rauszusuchen und die richtige Frau und den richtigen Job – Geld soll dabei nicht das Wichtigste sein. Vergiß auch die Typen daheim nicht, die Typen in der Schule, die Typen, die grad heiraten und die in Vietnam.
>
> Und jetzt, Herr, geh ich zum Handballspielen. Eins noch möchte ich von Dir erbitten, und zwar: Hilf mir, mit mehr power das zu leben, an was ich glaube, oder jedenfalls zu glauben meine. Hilf mir, alles, was in meinem Leben vorkommt, ernst zu nehmen, vor allem jeden Menschen. Vor allem möchte ich jeden verstehen und ihn nicht verurteilen. Alles klar?
>
> P. S. Danke, daß Du für mich und die Meinen am Kreuz gestorben bist.

Der Verfasser dieses Gebets redet so salopp daher wie ein Bub, der bequem bei seinem Vater auf dem Schoß sitzt. Er plaudert von vielen Problemen, aber die sind alle nicht einschneidend und tun nicht wirklich weh. Sie rühren kaum das Herz des Menschen, der sie im Gebet zur Sprache bringt. Sollte dieser Mensch verwirrt sein, dann jedenfalls nur so oberflächlich, daß er nicht innerlich in Aufruhr kommt, sondern alles wieder in den Griff kriegt, indem er unmittelbar um Hilfe bittet, aus der unerschütterlichen Überzeugung, daß bald alles wieder in Ordnung sein wird.

Diese Einstellung kommt dem Typ von Religiosität ziemlich nahe, den William James als „once-born" (= fix und fertig) und „healthy-minded" (= unanfechtbar) bezeichnet. Es ist die Frömmigkeit eines Menschen „mit einer Seele von der himmelblauen Art, der sich eher den Blumen und den Vögeln und aller Art von bezaubernd unschuldigen Dingen verwandt fühlt und kaum Sinn für die dunklen Leidenschaften des Menschen hat. Er kann nichts Schlechtes vom Menschen oder von Gott denken; er ist im Glauben froh und zuversichtlich, hat von Anfang an alles im Griff, bedarf keiner Erlösung von einer vorgegebenen Bürde."[2] William James verhehlt nicht seine Vorbehalte gegen diese „überoptimistische Form einer fix und fertigen Lebensphilosophie"[3]. Er weist darauf hin, daß eine Religion sehr oberflächlich ist, bei der alles Böse veräußerlicht und nicht als Teil des Menschen erkannt wird, der um Bekehrung bittet. Diese Oberflächlichkeit des Fix und Fertigen wird auch recht handgreiflich in folgendem Gebet:

---

[2] W. James, The Varieties of Religious Experience, erweiterte Ausgabe, University Books 1963, S. 80.
[3] Ebd. 362.

> Hallo, großer Boß. Hier geht's grad ziemlich trostlos zu. Das ganze Land ist im Aufruhr. Weißt du, ich hab mich nie groß drum gekümmert. Ich meine so, daß mich das irgendwie stark beschäftigt hätte. Martin Luther King war halt irgendwo weit fort. Gut, er hat die Leute angeheizt. Er hat ihnen was Neues, Anderes, Unbequemes vor den Latz geknallt. Er hat mir einen Denkanstoß gegeben. Aber ich weiß noch nicht, was ich davon halten soll. Ich kann mir nicht vorstellen, daß Dir dieser ganze Schlamassel paßt, in den wir uns selber gebracht haben, aber Du hilfst uns doch bitte raus, ja?

Hier ist bemerkenswert, daß sich der Student mehr oder weniger darüber im klaren ist, daß er sich selber heraushält und auf bequemem Abstand bleibt. Zwar anerkennt er verschwommen seinen Mangel an persönlichem Verantwortungsbewußtsein, aber dennoch erwartet er, daß sein guter Kumpel Jesus alles wieder bereinigt.

Untersuchen wir diese beiden Gebete genauer, so entdecken wir, daß sich darin kaum eine wirkliche Hoffnung entdecken läßt. Diese Gebete sind immer noch auf dem Niveau des Schemas Wunsch–Erfüllung. Wünsche sind konkret; „sie zielen auf spezifische Objekte und klar umschriebene Inhalte" [4]. Der Wunsch möchte etwas ganz Bestimmtes und hat mehr mit dem Warten auf die Bescherung durch den Weihnachtsmann zu tun als mit einem tief persönlichen Glauben.

Die zitierten Gebete zum guten Kumpel sind voller Wünsche und erwarten von Gott, er werde den Men-

[4] Vgl. P. Pruyser, Phenomenology and Dynamics of Hoping, in: Journal for the Scientific Study of Religion 3 (Herbst 1963) 86–96 und A Dynamic Psychology of Religion, San Francisco – New York 1968, S. 166–170.

schen bald mit seinen großen göttlichen Gaben überraschen. Daher sind diese Gebete noch weit entfernt von Selbsterkenntnis, Selbstannahme und Hoffnung. Obwohl sie grundverschieden von den Gebeten zum abgeschafften Gott zu sein scheinen, liegen sie doch, wenn man sie auf dem Spektrum zwischen Verwirrung und Hoffnung einordnet, ganz nahe bei ihnen. Diese Art Gebete ist zwar von Verwirrung unbehelligt, aber nicht, indem der Beter sich bestimmten Problemen stellt, sondern indem er sich ihnen entzieht und ihnen gar nicht erst erlaubt, in sein inneres Leben einzutreten. Die innere Ruhe des Menschen, der den lästigen Gott abgeschüttelt hat, ist genauso oberflächlich wie der spannungsfreie Zustand dessen, der sich mit Gott wie mit einem göttlichen Spielkameraden unterhält.

D. Der „mitleidende Gott“

Sieht man die zahlreichen Gebete durch, so entdeckt man einen Wendepunkt, an dem ein neuer Gesichtspunkt zutage tritt. Zwischen auswegloser Verwirrung und billiger Ruhe fängt etwas anderes an, das in Richtung Hoffnung zeigt, verschwommen, zögernd und tastend noch, aber dennoch klar erkennbar. Man kann diese Gebete am besten „antiheroische Gebete“ nennen. Sie bitten um die Haltung schöpferischer Passivität in einer Welt anstrengenden Wettbewerbs. Solche Gebete sind der Aufschrei eines Menschen, der Diplome als Gradmesser für den Erfolg benutzt, Erfolge als Bausteine für eine Karriere und eine Karriere als Kriterium dafür, ein wertvoller Mensch zu sein. Sie sind auch ein Protest gegen die Sehnsüchte, ein Star zu werden, um außerordentlicher Leistungen willen verehrt oder um seiner Tapferkeit willen ausgezeichnet zu werden. Es sind Gebete zu einem mitleidenden Gott, der nicht heroisches Martyrium verlangt, sondern den schwachen Menschen in seine Arme nimmt.

Vater, ich bitte dich nicht darum, mir Stärke oder Tapferkeit zu geben, und auch nicht Demut oder Courage. Das alles sind nur Wörter, dem vergeblichen Bemühen entstammend, das, was offen gedacht war, in ein enges System zu bringen und zu definieren. Je mehr ich hinter diesem Menschenwerk von Ideen herlaufe, desto mehr versage ich. Letzten Ende scheinen alle Worte, alle Ermahnungen wenig mehr als hohles Geplapper zu sein. Wenn ich auf diese Worte höre, wird mein Leben zur Aufgabe, zum Anspruch – und ich versage immer. Eine solche Einstellung nötigt mich, „mir größere Mühe zu geben". Und dann versage ich aufs Neue. Und so geht das in einem endlosen Gänsemarsch unablässig im Kreis herum weiter, und voraus und hinterher laufen lauter stolze Menschen.

Vielleicht ist die Enttäuschung darüber deine wortlose Stimme, die mich bittet, einzuhalten und dich meine „Last" tragen zu lassen. Sooft ich tatsächlich innehalte, ist keine Last mehr da. Dann spüre ich im Stillsein deine Gegenwart, und dieses Stillsein strömt weit unterhalb der sterilen Widersprüchlichkeit des Menschen, der mit sich alleingelassen ist.

Ich sollte um gar nichts bitten, sondern einfach darauf warten, daß du mir das Richtige gibst. Aber ich bin ungeduldig und kann nicht anders als bitten. Vater, hilf mir, für den Frieden empfänglich zu sein, den du ständig anbietest; hilf mir, auf die geronnene Stille deiner Harmonie zu lauschen; hilf mir, passiv zu sein; hilf mir, anzunehmen; hilf mir, aufzuhören.

Das hört sich an wie das Gebet eines erschöpften Seiltänzers, der spürt, daß er jeden Augenblick das Gleichgewicht verlieren und vor den Augen einer aufschreienden Menge vom dünnen Seil fallen kann. Es ist die Stimme eines müde gewordenen Menschen; er ist müde geworden unter dem unablässigen Anspruch, es besser zu machen, sich mehr Mühe zu geben, höher zu klettern. Es ist der Schrei eines Menschen, der voller Zweifel ist, ob er mit einer schnellebigen Welt Schritt halten kann, und der befürchtet, er werde unter der immer größer werdenden Last, die ihm seine anspruchsvolle Umgebung auferlegt, zerbrechen.

Der Mensch, der hier betet, möchte aufhören, möchte sich in die zärtlichen Hände eines verständnisvollen Gottes fallen lassen, möchte in sanften Armen einschlafen, angstlos weinen, sich gehen lassen, seine verkrampften Muskeln entspannen und lange und tief ruhen und dabei die kalte, grausame und feindliche Welt vergessen. In vieler Hinsicht stellt dieses Gebet den Gegenpol zu jener bannerschwingenden Art von Christentum dar, in dem man allen lauwarmen Gläubigen den heroischen Jugendlichen vor Augen hielt, der voller Ideale bereit war, sein Leben im Heerbann Gottes aufs Spiel zu setzen. Es ist der Widerpart zu dem Menschen, der von zahllosen Kanzeln aus dazu aufgefordert und angefeuert wurde, sich seinen Weg durch diese gefährliche Welt durchzukämpfen und sich unter Einsatz seiner letzten Kräfte ewigen Lohn fürs kommende Leben zu sichern.

Aber vielleicht wäre es zu kurzsichtig, wollten wir hier

nur eine Reaktion auf eine triumphalistische Vergangenheit sehen. Vielleicht finden wir hier den Kern des neuen Mystikers, den Anfang eines Gebets, das nicht Ergebnis der menschlichen Konzentration ist, sondern der Leere, die bereitet wurde, um den Geist Gottes empfangen zu können. Wir können etwas von dieser neuen Mystik erahnen, wenn wir den neuen Sinn für Demut erkennen, der aus dem antiheroischen Gebet spricht. Solche Gebete werden mit einem Lächeln gesprochen; der Mensch bittet darin um ein klein bißchen Glück, ein klein bißchen Schönheit, ein klein bißchen Sinn für sein Leben. Ein Student hat folgendes Gebet formuliert:

> Ich möchte nicht umsonst leben – Hilf mir, für etwas zu leben – Ich bin kein Held. Ich habe ganz und gar nicht das Zeug zum Helden. Aber ich möchte kein Feigling sein. Ich möchte keine Angst haben, wenn plötzlich einmal Mut erforderlich ist. Hilf mir etwas tun. Laß es mich auf meine eigene ruhige, unheroische Weise tun. Wenn man mich einmal als guten Menschen in Erinnerung behält, als Menschen mit Charakter und Standpunkt, werde ich das Gefühl haben, daß ich nicht umsonst gelebt habe. Wenn ich spüre, daß mein Leben hier, daß der bloße Umstand, daß es mich gegeben hat und ich auf dieser Erde gelebt habe, irgendjemandem irgendetwas bedeutet, wird mich das froh machen. Hilf mir, daß ich in der Erinnerung von irgendjemand fortlebe. Hilf mir, jemandem zu helfen – und laß es nicht zu, daß ich bloß als ein Menschenwesen mehr auf dieser Erde herumwimmle. Hilf mir leben. Ich möchte nicht umsonst leben.

Die Bescheidenheit hat Schönheit an sich. Und hier ist die Ermüdung weniger herauszuspüren. Der schlichte

Wunsch, für irgendjemanden ein klein bißchen etwas zu bedeuten, steht im Mittelpunkt. Aber es könnte sehr gut sein, daß dieser Mensch schon eine läuternde Erfahrung hinter sich hat, die ihn schließlich so beten läßt. Er hat zu einer neuen Ruhe und Freiheit gefunden, die nicht das Ergebnis von Verdrängung oder Vermeidung ist, sondern die sich auf die demütige Anerkenntnis gründet, daß der Mensch in den Augen seines Schöpfers einen wichtigen, aber kleinen Platz einnimmt.

E. Der „herrliche Gott“

Auf unserem Weg heraus aus der Verwirrung haben wir den Punkt überschritten, an dem etwas Neues aufgebrochen ist. In den Gebeten zum „mitleidenden Gott“ haben wir eine neue Offenheit entdeckt, eine neue Empfänglichkeit, die einer schöpferischen Beziehung zur „Wirklichkeit des Ungeschauten“ (William James) Raum geschaffen hat. Und obwohl darunter durchaus noch viel Reaktion gegen den Aufpasser-Gott gemengt war, hat der Schrei um Mitleid und Verständnis auch bedeutet, daß sich die Sinne für neue Erfahrungen geöffnet haben.

Wir kommen jetzt zu einer Gruppe von Gebeten, die man als dramatischen Appell für eine neue Sinnlichkeit verstehen kann. In diesen Gebeten bitten die Studenten darum, mit dem in Berührung zu kommen, was wirklich ist; sie wollen die uns umgebende Welt tief erfahren und zu den Urquellen des Lebens vorstoßen. Sie wünschen sich das Einswerden und die Befreiung vom schmerzlichen Gefühl der Entfremdung. Sie möchten das berühren, schmecken, riechen, hören und sehen, was jenseits ihres Alleinseins ist, möchten sich der unsagbaren Schönheit des Göttlichen ausliefern. Es sind Gebete zum schönen, zum herrlichen Gott, der auf ganz sinnliche Weise schön und herrlich ist. In der Begegnung mit ihm soll die Barriere der kritischen Distanz fallen und einer ekstatischen Freude an einem Gott Raum geben, den man geradezu leibhaftig spüren kann. Die Entfremdung, aus der heraus solche Gebete geboren werden, wird von dem Studenten dramatisch ins Wort gebracht, der geschrieben hat:

> Im Hörsaal: allein
> Unter Freunden: allein
> Im Gedränge der Menge: allein
> Wo diese alles umhüllende Schale zerschellen?
>
> Ohne Leben die Welt – niemand mehr Freund
> Klebrige Blätter an Bäumen, Kinder;
> Schein alles – nicht wirklich.
> Da draußen sie. Ich da für mich.

Wo jemand derart in der Isolation lebt, spricht der Drang, in den Schoß des Daseins hineinzutauchen, seine ungeduldige Sprache. Diese Gebete gleichen denjenigen der amerikanischen Indianer, denen es nicht darum ging, Herren über die Welt zu sein und über die Schöpfung in Gottes Namen zu herrschen, sondern die mit der Natur eins werden und an den schöpferischen Kräften des Lebens teilhaben wollten. In ihren Masken verschmilzt das Gesicht des Menschen mit dem Körper einer Eidechse oder Schlange, und in ihren Ritualen hofften sie, ihr brüderlich-schwesterliches Eingebundensein in die Natur neu zu erfahren.

Ein ganz ähnlicher Wunsch wird bei manchen Studenten sichtbar, die ihr Haar lang wachsen lassen, sich lokker und zwanglos kleiden, über schöne Dinge und schöne Menschen sprechen und Mittel einnehmen, die ihnen helfen, einen Zustand der Passivität zu erlangen, in dem sie von Farben und Tönen zärtlich umhüllt und umspielt werden. Im Mittelpunkt steht dabei der Wunsch, die blutleeren Sinneswahrnehmungen einer technokratischen Gesellschaft hinter sich zu lassen, deren Oberflächlichkeit nur in die Langeweile führt, und zum Kontakt mit den geheimnisvollen Mächten der Wirklichkeit durchzubrechen. Das liefert uns ein neues Gebet:

> Hilf uns sehen, was wirklich ist. Eine Wirklichkeit. Hilf uns, uns unter einen Baum zu legen und das Gras und den Himmel und den Wind zu genießen und eine wahre Empfindung zu haben, vielleicht eine ganz einfache, vielleicht eine ganz tiefe. Hilf uns, wild, offen denken, uns ausstrecken.
>
> Eine Hand halten und es ernst meinen, die Schönheit wahrnehmen, eine Beziehung auskosten, eine Freude, eine Befriedigung, eine Traurigkeit, eine Verzweiflung, eine Erschöpfung. Und uns im Einklang erfahren mit einer Idee, einem Ideal und mit uns selbst. Uns als Teil des Landes, einer Person und der Erde spüren. Aus den Tiefen der Verzweiflung und der selbstverschuldeten Entfremdung auferstehen und dir wieder einmal ganz nahe sein. Das ist es, wonach wir greifen können, das ist etwas Wirkliches. Das sind Erfahrungen. Das ist unser Gebet, Herr. Wache Sinne haben, auferstehen, wahrnehmen, begreifen und uns um jemanden oder etwas kümmern.

Vielleicht bringt dieses Gebet besser als alle anderen dieser Art eine der tiefsten Sehnsüchte heutiger Studenten zum Ausdruck, die sich einer zerstückelten und gebrochenen Wirklichkeit gegenübersehen, in der jeder seinen Platz finden muß, die aber oft eher bedrohlich als einladend zu sein scheint. In einer Umgebung, die mit den raffiniertesten Instrumenten die Sinne zu schärfen versucht, stellt sich der Student die Frage, ob er seinem eigenen Körper trauen könne und ob seine Sinnesorgane in der Lage seien, ihn mit der Wirklichkeit in Berührung zu bringen, in der er lebt. Aber sobald seine Sinneswahrnehmung wirklich erwacht, kommt etwas Neues in ihm zum Schwingen. Eine Studentin betet:

> Einfach hören ... den schrillen Klang aufdringlicher Wecker durch die dünnen Wände der Nachbarn nebenan.
>
> Einfach sehen ... einen Freund, der auf mich gewartet hat, um mit mir zur nächsten Vorlesung zu gehen, und dieser Ausdruck in seinem Gesicht, wenn ich's wieder getan habe, aber ich weiß nicht, was.
>
> Einfach riechen ... den frischen Duft eines Frühlingsmorgens, wenn mich die Sonne wärmt und der Winter vorbei ist, wenn die Blumen Knospen treiben und das Gras feucht ist.
>
> Einfach fühlen ... eine erfrischende Dusche am Nachmittag; den weichen Flaum eines Entenkükens; den Sand zwischen meinen Zehen; die Erregung durch einen zärtlichen Kuß.
>
> Einfach schmecken ... nicht bloß einen Imbiß oder ein Mittagessen, sondern die Süße und Bitterkeit des Lebens; und mit Leib und Seele alles lieben wie es ist, das Häßliche und das unsagbar Schöne, das Gute und das Traurige.

Studenten wie dieses Mädchen machen die Erfahrung eines neuen Lebens, neuer Schönheit und neuer Kraft. Sie sagen „Ja“ zu allem, was ist, und mit der demütigen Anerkenntnis ihrer eigenen Gebrechlichkeit öffnen sie sich für die Herrlichkeit ihres wunderbaren Gottes. Ein neuer Hoffnungsstrahl bricht durch.

F. Der „Geber-Gott“

Die antiheroischen Gebete offenbarten den Anfang einer zaghaften Wertschätzung der unscheinbaren Dinge. In den Gebeten zum mitleidenden Gott trat eine schöpferische Passivität zutage, und die beiden letzten Gebete sprachen von der tiefen Sehnsucht, im herrlichen Gott aufzugehen und zu erfahren, daß man mit ihm eins ist und zu ihm gehört. Damit sind wir bereits weit fort von jenem verwirrten Geisteszustand, von dem wir bei unserer Darstellung ausgegangen waren; aber dennoch sind wir noch nicht bei dem angekommen, was wir die christliche Hoffnung nennen können.

Die Bitte um ein waches sinnliches Wahrnehmungsvermögen und die Sehnsucht, sich als tief in die Wirklichkeit eingebettet zu erfahren, war immer noch in vieler Hinsicht eine Bitte des einsamen, ein Stück weit isolierten Menschen. Das Bedürfnis nach Verschmelzung, nach Einssein und Zugehörigkeit offenbart oft einen regressiven Impuls, dem es schwerfällt, die Distanz zwischen dem betenden Menschen und der Welt, in der er sich vorfindet, auszuhalten, die Distanz zwischen sich und den andern, die Distanz zwischen seiner eigenen Schwäche und Gottes Stärke. Oft hat es den Anschein, als komme in der Bitte ums Dazugehören die

Angst zum Ausdruck, anders zu sein und die mangelnde Bereitschaft, sein eigenes individuelles Selbst anzunehmen und zu entfalten. Die Identität des Beters hat deshalb noch keine klaren Umrisse, und ein Gebet darum, alles mit wachen Sinnen wahrzunehmen, kann irgendwie selbstbezogen klingen. Der Gott, an den es sich richtet, ist mehr eine Schutzvorrichtung als ein Gegenüber, der den Menschen beschenkt.

Wir sprechen offensichtlich nur von Gradunterschieden, aber in den Gebeten an den herrlichen Gott wird Gott kaum als das eigenständige Du anerkannt, das in Freiheit geben oder verweigern kann. Er ist eher eine unverzichtbare Quelle der Wärme, die allezeit mit ihrer trostvollen Gegenwart zur Verfügung steht. Erst von da an, wo man Gott als das Du anerkennt, das in Freiheit etwas gibt, ist der Mensch wirklich zum Danken fähig. Zwar bedarf es wacher Sinne, um Gottes Gaben wahrzunehmen, aber wenn man zum Danken bereit ist, bringt man gleichzeitig seine Bereitschaft zum Ausdruck, den Abstand zwischen dem Geber und dem Empfänger anzuerkennen.

Wenn der Mensch zum Danken fähig ist, ist er fähig, seine eigenen Grenzen zu sehen, ohne sich deshalb rechtfertigen zu müssen, und er ist fähig, selbstbewußt zu sein, ohne daß ihn das zur Überheblichkeit verleitet. Er ist sich seiner eigenen Fähigkeiten bewußt, aber zugleich gesteht er ein, daß er der Hilfe bedarf. Das Danken im richtigen Sinn verfällt weder der Unterwürfigkeit noch der Vereinnahmung. Es ist die Geste eines freien Menschen, der sagen kann: Ich danke dir. Hier sind Ich und Du zwei voneinander verschiedene Personen mit unterschiedlichen Identitäten, die in eine innige Beziehung zueinander treten können, ohne sich dabei selbst zu verlieren. Eine Geste freier Dankbarkeit bedarf des behutsamen Gleichgewichts zwischen Verbundenheit und Distanz. Zu viel Verbundenheit kann zu einer Abhängigkeit führen, in der man sich selbst allzusehr auslöscht, zu große Distanz zu einer Überschätzung des Selbst und zu einem Stolz, der sich selbst immer nur mit Vorbehalt einbringt.

Viele der Gebete sind so ichbezogen, so randvoll mit schweren Sorgen um sich selbst, oder sie suchen derart verbissen nach Sympathie und Schutz, daß nicht genügend Distanz entsteht, um Danken zum Ausdruck bringen zu können. Aber es gibt Ausnahmen, bei denen eine neue Freiheit sichtbar wird und bei denen das Gebet zu einem Hymnus der Danksagung wird.

> Herr, Danke für das Leben,
> die Liebe und die Menschen.
> Guter Gott, Danke für diesen herrlichen Tag,
> für die Blumen, für die Vögel, für meine Familie,
> für meine Freunde, für mich selbst.
> Für alles Gewesene – Danke!
> Für alles Kommende – Ja!

Wenn er dankt, ist der Mensch offen und geht aus sich selbst heraus. Wenn er verwirrt ist, richtet er im Bemühen, in den Wirrwarr seiner inneren Welt Ordnung zu bringen, seine ganze Aufmerksamkeit nach innen und läßt kaum die Möglichkeit zum Danksagen offen. In der Verwirrung ist der Mensch in sich selbst befangen, beim Danksagen streckt er seine Hände aus und zeigt auf die Quelle neuer Energie, neuen Lebens, neuer Liebe. Dann wird sogar in einer traurigen Welt das Danken möglich. Ein Student schließt ein langes Gebet mit den Worten ab:

Was anderes kann ich sagen, als Dir danken;
mitten in allem Schweren
ist das immer noch das beste.

Hier kann der Dank die Bedrückung durch die Gegenwart abschütteln und die Hoffnung als Möglichkeit aufscheinen lassen.

G. Der „kommende Gott"

Wir baten viele Studenten, die Gebete zu lesen und ihre Meinung darüber zu sagen. Fast einmütig wurden alle besonders von einem Gebet angesprochen, das wir als ein Gebet zum „kommenden Gott" einordnen wollen. Zwar fanden sich verschiedene Studenten sehr gut in dem einen oder anderen positiven oder negativen der Gefühle wieder, die in unserer Gebetssammlung formuliert wurden; aber die Einstellung, die der Form und dem Inhalt nach in diesem Gebet mit dem Titel „Hoffnung" zum Ausdruck kommt, wurde von den meisten spontan als die eigentlich richtige, zeitgemäßeste und christlichste anerkannt.

Ich hoffe, daß ich zu jedem Menschen so sein kann,
wie er mich braucht.
Ich hoffe, daß das Sterben jedes Menschen stets
auch mir etwas nimmt, aber daß meine Angst um
mich selber mir nie die Freude am Leben nimmt.
Ich hoffe, daß meine Liebe zu denen, die ich mag,
nie die Liebe zu denen, ich nicht mag, mindert.
Ich hoffe, daß die Liebe des andern zu mir nie das
alleinige Maß für meine Liebe zu ihm ist.

Ich hoffe, daß mich jeder so annimmt wie ich bin, aber daß ich selber nie selbstzufrieden bin.
Ich hoffe, daß ich immer andere um Verzeihung bitten werde, aber daß nie jemand um meine Verzeihung betteln muß.
Ich hoffe, daß ich eine Frau finde, die ich lieben darf, aber daß ich nie krampfhaft nach einer suche.
Ich hoffe, daß ich immer meine Grenzen anerkenne, aber nie künstlich Grenzen errichte.
Ich hoffe, daß mein Ziel immer die Liebe sein wird, aber daß ich aus der Liebe nie einen Götzen machen werde.
Ich hoffe, daß jeder Mensch immer wieder Hoffnung schöpft.

Hier befinden wir uns am Punkt, der am weitesten von der Verwirrung entfernt ist. Hier hören wir einem Menschen zu, der mit beiden Füßen fest auf dem Boden steht und in die Zukunft weist. Er weiß, wo er steht, und harrt voller Erwartung der kommenden Dinge. Struktur und Gedanken dieses Gebets bringen großes Selbstvertrauen zum Ausdruck, das fruchtbar mit einem tiefen Sinn für Demut einhergeht. Dieses Gebet bringt sehr anschaulich wesentliche Grundzüge eines reifen Christen zum Ausdruck.

Verglichen mit der schmerzlichen Beschäftigung mit sich selbst, die aus dem Gebet des verwirrten Studenten sprach, begegnen wir hier einem gesunden Sinn für die Erkenntnis und Annahme seiner selbst. Die Persönlichkeit ist mit markanten, aber nicht starren Zügen umschrieben. Dieser Mensch lebt aus einer Haltung der Hoffnung, die weiß, was sie will, aber dennoch bereit ist, ihren Standpunkt ständig neu zu bestimmen. Verglichen mit den Gebeten zum „abgeschafften Gott", finden wir hier keine künstliche Ruhe dank einer negativen Bekehrung, sondern einen freien Dialog, bei dem es nicht nötig ist, sich zu rechtfertigen. Wenn jemand wirklich hofft, ist ihm Gott kein Hindernis, sondern der Weg zu menschlicher Liebe. Verglichen mit den Gebeten zum Guten-Kumpel-Gott herrscht hier kein billiger Optimismus und kein allzu simples Wunsch-Erfüllungs-Denken. Die Hoffnung findet ihren Ausdruck auf der Ebene der Beziehung von Personen und wird nicht sozusagen zum Wunsch nach bestimmten Spielzeugen ausgemünzt. Der Mensch bittet den kommenden Gott nicht um Gunsterweise, sondern tut sich für die Vertiefung einer Beziehung von Du zu Du auf, zu der es immer zweier Personen bedarf und die nie erzwungen werden kann. Verglichen mit den antiheroischen Gebeten zum mitleidenden Gott, spricht aus diesem Gebet kein Gefühl der Ermüdung oder Auflehnung gegen eine Gesellschaft mit überfordernden Ansprüchen. Der hoffende Mensch ist nicht von der Enttäuschung über die Vergangenheit beherrscht, sondern er streckt sich einer verheißungsvollen Zukunft entgegen.

Verglichen mit den Gebeten zum herrlichen Gott, ist der betende Mensch hier weniger entfremdet und hat sich selbst besser in der Hand. Er sehnt sich nicht danach, mit Gott zu verschmelzen, sondern er möchte in seiner eigenen Identität bestärkt werden. Der hoffende Mensch bittet nicht darum, sich in den Armen eines schützenden Gottes verlieren und auflösen zu können, sondern er erfährt sein Anderssein als eine schöpferische Möglichkeit. Verglichen mit den Gebeten zum Geber-Gott, wird der Dank weniger ausdrücklich ins Wort gebracht, aber ständig vorausgesetzt. Wirkliche Hoffnung ist nur dann möglich, wenn man sich zutiefst dessen bewußt ist, daß das Leben ein Geschenk ist und endlose Verheißungen bereithält.

So erkennen wir also im Gebet zum kommenden Gott die Haltung der Hoffnung als eine Haltung des Sich-selbst-Kennens und -Annehmens, aus der heraus der Mensch in ein schöpferisches Gespräch mit seinem lebendigen Gott tritt. Dabei läßt er immer wieder seine Vergangenheit hinter sich und streckt sich nach einer Zukunft aus, die er als unerschöpfliche Quelle neuen Lebens erfährt.

Wir haben in diesem Kapitel versucht, das Gebetsleben von Studenten von innen heraus kennenzulernen. Das haben wir unternommen, weil wir dazu eingeladen wurden. Wir haben die Gebete untersucht, die die Studenten selbst verfaßt und zur Auswertung angeboten haben. Indem wir die ganze Sammlung vom Gesichtspunkt der Bewegung aus der Verwirrung in Richtung einer reifen Hoffnung aus betrachtet haben, wollten wir der Versuchung entkommen, den einzelnen Gebeten das Etikett von mehr oder weniger „gut“ oder „schlecht“ aufzukleben. Wir wollten nur verstehen lernen, wo sich der einzelne bei seiner Suche nach Sinn und nach einem Gott, den er wirklich seinen Gott nennen konnte, einordnen ließ. Die Einteilung in die verschiedenen „Götter“ war vielleicht zu künstlich, aber sie geschah in der Absicht, uns leichter die inneren Bemühungen des Menschen erkennen zu lassen, sich selber und dem Gott seines Glaubens näherzukommen.

Viertes Kapitel

Nähe in der Gemeinschaft: Die Depression im Seminar

Bis vor einigen Jahrzehnten war der Standardtyp des Seminaristen derjenige eines äußerst netten, liebenswürdigen, eher gesprächigen Jungen, der sich leicht begeistern ließ von so unschuldigen Dingen wie einem jüngst erschienenen Aufsatz, der naiv war und unerfahren vor allem in puncto Sex, aber immer gutwillig, freundlich, lächelnd, und sogar ungebeten allezeit hilfsbereit.

Dieses Klischee hat sich rapid verändert. Die Seminaristen, mit denen wir es heute zu tun haben, sind alles andere pflegeleichte, optimistische junge Männer. Eher begegnen wir einem Studenten, der voller Probleme ist und sich abzappelt, der sich selbst, seine Welt und seine Zukunft überernst nimmt, der über tausend Fragen debattieren und diskutieren will, kaum einmal zur Entspannung fähig ist und eher dazu neigt, seine Jugend als langen, dunklen Tunnel zu empfinden, dessen Ende noch nicht abzusehen ist.

Und wir würden weit fehlen, uns wie früher das Seminar als Haus voller froher, selbstbewußter junger Menschen vorzustellen. Der heutige Besucher wird es eher als einen Sammelplatz problembeladener, von Zweifeln geplagter Menschen erleben, in dem ein Klima allgemeiner Depression herrscht. Natürlich beschreiben wir Grundtypen und vereinfachen deshalb, aber die Überzeugung wird zunehmend unvermeidlich, daß eines der überraschendsten allgemeinen Symptome unserer Seminargemeinschaften die Depression ist. Wenn das stimmt, daß die Depression ein Hauptproblem heutiger Studenten darstellt, dann trifft das weit mehr noch auf die heutigen Seminaristen zu. Dieser allgemeine Eindruck bestätigt sich in vielen intensiven Diskussionen mit Seminaristen eher noch: eine schwere, undefinierbare und unerklärliche Wolke verdüstert das Leben im Seminar.

Und viele Mitglieder des Leitungsteams sind verwundert und zutiefst enttäuscht, wenn sie entdecken, daß ihr jahrelanges Bemühen um bewußte Modernisierung und Liberalisierung, ihre vielen Anstrengungen, ein geschlossenes System aufzubrechen und durch eine unfreie Institution den Wind der Freiheit wehen zu lassen, nichts gefruchtet haben: ihre Studenten sind traurig statt glücklich, unfreundlich und launisch statt umgänglich, verschlossen und mißtrauisch statt offen und kommunikativ. Dieses offensichtlich seltsame Phänomen bedarf heute unserer besonderen Aufmerksamkeit.

Unsere Kernfrage ist: Welcher Zusammenhang besteht zwischen Ausbildung und Depression? Und so wie kein klinischer Arzt zur therapeutischen Maßnahme schreitet, ohne zuvor eine sorgfältige und präzise Diagnose angestellt zu haben, wollen wir zunächst näher zu verstehen versuchen, was die Depression ausmacht und in welcher Wechselwirkung sie mit verschiedenen neuen Ausbildungsmethoden steht. Dann wollen wir versuchen, einige Vorschläge zu machen, die uns bei unserer

Aufgabe hilfreich sein könnten, dieses schmerzliche und oft destruktive Symptom zu beheben.

I. Diagnostische Überlegungen

Zweifellos befinden wir Mitglieder des Leitungsteams des Seminars uns in einer sehr komplexen Lage, ja inmitten eines Paradoxes. Wir lassen Menschen, die zu uns zur Ausbildung kommen, die Freiheit, sich selbst auszubilden. Wir bauen Strukturen ab für Menschen, die doch gerade ihre unstrukturierten Antriebe bändigen möchten, um eine gesunde Form zu finden. Wir haben zutiefst die Überzeugung gewonnen, daß das bis in alle Einzelheiten reglementierte Seminarleben endgültig der Vergangenheit angehört, aber wir haben auch entdeckt, daß viele neue Freiheiten nicht immer zur gewünschten Befriedigung führen. In diesem Kontext müssen wir das Problem der Depression im Seminar anpacken.

Ich schlage vor, dieses Problem in zweierlei Hinsicht zu erörtern: als ein Identitätsproblem für Studenten und Leitung, und als ein Problem der neuen Erziehungsmethoden.

A. Depression als Identitätsproblem

1. Ein Identitätsproblem der Studenten

Die Mitglieder des Leitungsteams haben es mit Studenten zu tun, die sich dessen bewußt sind, daß sie ihre Fähigkeiten noch nicht voll entfaltet haben; sie erfahren, daß in ihnen sehr viele Möglichkeiten stecken, aber sie haben erst eine verschwommene Vorstellung davon, in welche Richtung sie gehen möchten. Die Studenten hoffen alle, drei Fähigkeiten zu erlangen:

a) Kompetenz, die sie instand setzt, sich den Ansprüchen der Gesellschaft stellen zu können;

b) Selbstkontrolle, die es ihnen ermöglicht, ihre ungeordneten Antriebe sinnvoll zu kanalisieren;

c) Berufung, die sie in der Überzeugung bestärkt, daß sie tatsächlich zu der Tätigkeit berufen sind, zu der sie sich mehr oder weniger deutlich hingezogen fühlen.

Manche werden entdecken, daß sie nicht intelligent genug sind, um wirkliche Kompetenz zu erlangen; bei manchen wird sich herausstellen, daß ihre tiefsten Sehnsüchte in eine andere Richtung als diejenige des zölibatären Lebens in Gemeinschaft weisen; und viele werden erkennen, daß sie nicht zu der Tätigkeit berufen sind, für die sie anfangs Neigung verspürten. Aber eines ist gewiß: sie alle erwarten eine Struktur, die klar, ausdrücklich und deutlich umschrieben ist, mittels derer sie sich selbst prüfen und von andern prüfen lassen können, um dann die notwendigen Entscheidungen über ihren weiteren Lebensweg treffen zu können. Wenn das stimmt, wird uns unmittelbar klar, daß sie bezüglich ihrer Kompetenz, der Beherrschung ihrer Antriebe und ihrer Berufung in einer schweren Identitätskrise stecken.

a) Ein Seminarist, der Kompetenz erlangen will, findet sich auf eines der schwierigsten Gebiete verschlagen, auf dem man sich jemals kompetent fühlen kann – auf das Gebiet der Theologie. In der Theologie gibt es eine Unmenge von Fragen; sie reichen von Fragen über bestimmte Themen bis zur Frage, ob die Theologie überhaupt als Studienfach betrieben werden kann. Wenige Studenten sind in der Weise stolz, gerade die Theologie als Studienfach gewählt zu haben, wie das ein Jurist, ein Mediziner, ein Soziologe oder Psychologe ist, und in den meisten Fällen möchten sie noch auf anderen Studiengebieten neben der Theologie kompetent werden, um sich als wertvolle Glieder der Gesellschaft zu empfinden.

b) Ein Seminarist, der die Beherrschung seiner starken Neigungen und Antriebe erlangen möchte, sieht sich in eine Situation versetzt, in der viele Tabus in Frage gestellt werden und in der er sich vielen zweideutigen Signalen in Bezug auf seine erotischen Wünsche ausgesetzt sieht. Eines findet er nicht: Klarheit. Ein Priesteramtskandidat, der nebenher eine feste Freundin hat, wird nicht aus dem Seminar gewiesen, sondern man sagt ihm, in vieler Hinsicht sei es ganz gut, wenn er vor seiner endgültigen Entscheidung mit Mädchen seine Erfahrungen gemacht habe. Vor nicht allzulanger Zeit waren für viele Obere die sogenannten „Partikularfreundschaften" ein Grund zu höchster Besorgnis, und die Studenten machten sich darüber lustig, weil sie nicht wußten, was ihren Vorgesetzten daran so gefährlich vorkam. Aber heutzutage scheuen sich alle im Leitungsteam, auch nur vor Partikularfreundschaften zu warnen, während sich viele Studenten in persönliche Beziehungen zu Mitbewohnern oder Freunden verwickelt finden, die sie viel Energie kosten, und zuweilen werden sie von großen Ängsten angesichts der offensichtlichen sexuellen Gefühle geplagt, die ihnen bewußt werden. Offene homosexuelle Beziehungen, die vor nicht allzulanger Zeit fast nur in der Phantasie der Oberen existierten, machen gelegentlich einen guten Teil der Probleme von Studenten aus.

c) Möchte ein Student seine Berufung vertiefen, so stellt er fest, daß ihm fast niemand sagen kann, was ein Priester eigentlich ist. Wir könnten sogar sagen, je näher er dem Tag seiner Priesterweihe kommt, desto verschwommener werden seine Vorstellungen vom Priestersein. Als er ins Seminar eingetreten war, hatte er vielleicht ein solcher Priester werden wollen wie sein Onkel, sein Lehrer oder sonst ein Priester, den er bewunderte; aber im Laufe der Ausbildungsjahre ist er so vielen Fragen, Zweifeln und vielleicht persönlichem Versagen ausgesetzt worden, daß er sich immer mehr die Frage stellt, ob er sich in einem Höchstmaß an Ausdrücklichkeit und Endgültigkeit auf einen Beruf verpflichten sollte, der im Höchstmaß undefiniert und unklar ist. Gleichzeitig fragt er sich, wer eigentlich wen beruft. Unlängst noch war es klar, daß die Kirche berief und daß es eine Ehre, ein Privileg und eine Auserwählung war, zum Priester geweiht zu werden. Die Repräsentanten der Kirche sagten klipp und klar: „Wenn du nicht den Erwartungen entsprichst, bitten wir dich, zu gehen." Aber jetzt scheint der Student zur Kirche zu sagen: „Wenn du nicht meinen Erwartungen entsprichst, gehe ich." Und auf vielen subtilen Wegen bekommt der Student vermittelt, niemand wolle ihn verlieren und er könne von der Kirche mehr verlangen als sie von ihm. Es könnte so aussehen, als übe diese Form von Macht, die dadurch dem Studenten zufällt, auf den Seminaristen durchaus eine gewisse Anziehungskraft aus; aber in Wirklichkeit ist Tatsache, daß niemand einen Beruf wählt, der keine Ansprüche mehr an ihn stellt.

Wir sehen also, daß sich der Student gerade auf den drei Hauptgebieten seiner Seminarausbildung frustriert fühlt: auf den Gebieten der Kompetenz, der Selbstkontrolle und der Berufung. Er kommt sich vor, als habe er kein allgemein geachtetes Fach gewählt, er sieht sich zweideutigen Signalen bezüglich der Kontrolle über seine Antriebe ausgesetzt, und er bereitet sich auf einen Beruf vor, der endloser Infragestellung unterworfen ist. Allmählich schleicht sich in ihn der Gedanke ein, das Unpopulärste, was man heutzutage tun könne, sei, ein Priester zu werden. In den Augen eines jungen Menschen, der voller Energie, Ehrgeiz und Großherzigkeit steckt, ist schließlich die Hingabe an ein kaum geschätztes, wenig anspruchsvolles und recht unklares Leben überhaupt keine Hingabe. Und man sieht unschwer, daß diese Identitätskrise zur Quelle einer schmerzlichen Depression werden kann.

2. Ein Identitätsproblem für das Leitungsteam

Das Problem ist jedoch nicht nur ein Problem für die Studenten. Auch die neue Einstellung der Seminarleitung erklärt zum Teil dieses merkwürdige Gefühl einer kollektiven Depression. Auf komplizierte und selten klar erkannte Weise verursacht die Demokratisierung der Beziehungen zwischen Studenten und Seminarleitung unerwartete Konflikte. Vor nicht allzulanger Zeit waren Seminare Stätten, an denen es viele Vorschriften, gewöhnlich eine strikte Observanz und eine klar umschriebene Aufteilung der Autoritäten gab. Diese Struktur war zwar der Anlaß zu viel Auflehnung und Ärger, aber die Studenten wußten, gegen wen sie ihren Ärger richten und gegen wen sie sich auflehnen konnten. Gewöhnlich gab es eine klare Zuordnung von Belohnung und Strafe, und die Studenten wußten, was ihnen blühte, wenn sie etwas riskierten und dabei erwischt wurden – gewöhnlich war es das recht unschuldige Delikt, gegen eine ziemlich unwesentliche Spielregel zu verstoßen. Aber heutzutage sagt man zu ihnen: „Es ist deine Sache, ob du zur Messe gehen willst oder nicht, ob du im Bett liegen bleiben oder aufstehen, zu Parties gehen oder daheimbleiben, Freundinnen haben oder darauf verzichten, die ganze Nacht durchmachen oder rechtzeitig zu Bett gehen, zur Rekreation kommen oder ihr fernbleiben willst. Du mußt selber wissen, was du tust. Du mußt das von deinem Gewissen her selber entscheiden." Die meisten guten, wohlmeinenden und idealistisch gesinnten Mitglieder des Leitungsteams sehen nicht immer, was das heißt. Oft bedeutet das einfach: „Wir erwarten von dir, daß du all das erfüllst und alle diese Regeln befolgst, aber wir nötigen dich nicht dazu. Wir vertrauen dir und deinem eigenen Urteilsvermögen. Wir hoffen, du enttäuschst uns nicht."

Das Ergebnis dieser neuen Einstellung ist die Erfahrung, zu sündigen, ohne die Möglichkeit, dafür Buße tun zu können. Die Seminaristen verhalten sich jetzt in vieler Hinsicht auf eine Weise, von der sie wissen, daß sie ihren Oberen nicht gefällt, aber niemand sagt etwas, niemand erhebt Einwände, tadelt oder straft. Sie schauen nur enttäuscht und persönlich verletzt drein und geben mit ihrem Blick zu verstehen: „Ich dachte, ich könnte dir vertrauen, aber jetzt tust du mir das an." Wer niemanden hat, der ihn straft, wenn er das Gefühl hat, er habe Strafe verdient, der fängt an, sich selber zu strafen. Diese nach innen gerichtete Ungnade mit sich selber ist die Ursache jener Depression, die in vielen Seminaren zur alles durchdringenden Stimmung geworden ist. Und viele im Leitungsteam sind überrascht, ja bitter enttäuscht, daß die Studenten ihr großherziges Gewähren von Freiheiten nicht mit freudigem Dank quittieren, sondern daß dies zu einer oft belastenden und erwürgend unfreien Beziehung zwischen Studenten und Hausleitung führt.

Wir sollten uns dieses Phänomen genauer ansehen. Dabei scheinen zwei Gesichtspunkte wichtig: a) die personalisierte Bestrafung und b) die verbale und nonverbale Kommunikation von Zweifeln.

a) Die personalisierte Bestrafung

Das Leitungsteam ist oft enttäuscht, daß die Studenten seinen Erwartungen nicht entsprechen. Die Studenten erweisen sich als weniger einsatzfreudig, als es die Direktion erhofft hatte. Sie nützen ihre neuen Freiheiten aus, sie sind nicht besonders dankbar dafür, sondern sie wollen immer noch mehr. Der Direktor und seine Assistenten fühlen sich sehr oft persönlich verletzt, und obwohl ihnen fast die Hand ausrutscht, um dem Studenten eine Ohrfeige zu versetzen, verbietet ihnen das ihre liberale Einstellung.

Stattdessen nehmen sie zu einer sehr subtilen und oft schädlichen Form der Bestrafung Zuflucht, etwa in der Art: sie beklagen sich, daß man ihr Vertrauen mißbrauche, sie äußern unangemessen großen Ärger über Kleinigkeiten, schauen finster und bedrückt drein und signalisieren auf sehr persönliche Weise, daß sie verletzt sind und daß ihnen die Studenten das Leben äußerst schwer machen. Und genau wie kein Kind angemessen auf seine Mutter reagieren kann, wenn diese es nicht dafür bestraft, daß es ein Glas zerbrochen hat, sondern sagt: „Magst du denn deine Mama gar nicht, daß du mir so etwas antust?", so weiß auch ein Student nicht, wie er mit dieser höchst personalisierten Art von Bestrafung umgehen soll. Er kann sich nur schuldig und völlig unfähig fühlen, irgendetwas dagegen zu tun. Und das schafft dann dieses angespannte und erstickende Gefühl, das den Humor in den Beziehungen tötet und jeden überempfindlich gegenüber dem andern werden läßt.

b) Die Kommunikation von Zweifeln

Der zweite Gesichtspunkt der Beziehung zwischen Studenten und Leitungsteam, der zur Depression führen kann, ist die Art und Weise, in der die Leitung ihre eigenen Probleme an die Studenten weitergibt. Viele Mitglieder des Teams stellen die gleichen Grundwerte in Frage wie die Studenten. Ihnen ist klar, daß die Probleme, die die Studenten haben, nicht lediglich Probleme sind, die sich aus den Wehen der Entwicklung der Individuen ergeben, sondern daß das auch Entwicklungswehen der Kirche insgesamt sind. Und viele Ausbilder von Priesteramtskandidaten hegen selbst Zweifel, ob es richtig ist, einen jungen, intelligenten Mann dazu zu ermutigen, Priester in einer Gemeinschaft voller Verwirrung und Sorgen zu werden. Sie stellen sich selbst die Frage: „Mache ich diesen Menschen wirklich glücklich, wenn ich ihn ermutige, im Seminar durchzuhalten? Kann ich ihm wirklich eine sinnvolle Antwort auf seine Fragen geben, was es heißt, Priester in der modernen Welt zu sein? Ist es wirklich sinnvoll, ihm den Rat zu geben, sich auf Lebenszeit zu einer Lebensart zu verpflichten, in der der Wunsch nach sexueller Intimität untersagt ist? Kann ich es verantworten – auch wenn ich es nur zum Teil verantworten muß –, daß jemand einen Beruf wählt, der gerade radikal im Umbruch ist?"

Diese Zweifel und diese Qualen bleiben den Studenten nicht verborgen. Auf viele verbale und nonverbale Weisen mischen sich diese existentiellen Fragen in die Beziehung zwischen Studenten und Leitungsteam. Immer noch findet der Mensch seine Berufung im Leben vor allem dadurch, daß er sich mit jemandem identifizieren kann. Starke, überzeugende Persönlichkeiten, deren Lebensart sichtlich anziehend ist, üben den stärksten Einfluß auf die Berufswahl eines jungen Menschen aus. Wer möchte allen Ernstes Arzt werden, wenn seine Ausbilder ganz und gar nicht davon überzeugt sind, daß sie anderen Menschen zur Gesundheit verhelfen können? Wer möchte von einem Trainer trainiert werden, der überhaupt nicht glaubt, seine Mannschaft könne ein Spiel gewinnen? Wer möchte Lehrer werden, wenn sein Professor lediglich verbittert über seine Studenten ist? Und wer möchte Priester werden, wenn er mit Priestern zusammenlebt, die die Grundlagen ihres Einsatzes in Frage stellen: das Wesen des Priestertums, die Kirche, die Menschwerdung Gottes und die Gottesvorstellung? Und obwohl diese Fragen nicht immer die ureigensten Fragen des betreffenden Priesters sind, prägen sie heute derart das Gesamtklima des religiösen Lebens, daß nur jemand, der ganz verbohrt und vernagelt in der Isolation lebt, völlig unbeleckt von ihnen bleiben kann.

Wir können deshalb die Frage stellen, ob viele Vorgesetzte, die ihre Studenten dazu ermutigen, ihre Probleme in einem offenen Gedankenaustausch zu erörtern und dabei selbst die Rolle verständnisvoller Zuhörer annehmen, nicht in Wirklichkeit unabsichtlich das, was sie bedrückt, einfach auf die Studenten abwälzen. Und auf die

Studenten könnte das so wirken, als sagte man zu ihnen: „Versucht ruhig, die Probleme zu knacken, die wir selber nicht bewältigt haben." Ja, es wäre sogar möglich, daß die Studenten viele Formen der Liberalisierung in der heutigen Seminarausbildung als Zeichen der Unfähigkeit seitens der Leitung deuten, ihnen sinnvolle Strukturen zu bieten. Viele Seminaristen, die an jahrelangen Diskussionen über fast jede Grundsatzfrage beteiligt waren, äußern Zeichen der Ermüdung, der Enttäuschung, der Verwirrung und sogar der aggressiven Abneigung. Manche fühlen sich sogar betrogen, als hätten sie ihre Zeit mit dem Herumstochern in Fragestellungen vergeudet, die unlösbar sind und von vornherein dazu angetan sind, Frustration zu bewirken.

Wir sehen also, daß sich die Depression nicht nur aus der Identitätskrise der Studenten ergibt, sondern auch aus der Identitätskrise des Leitungsteams. Gerade weil sich beide Seiten gegenseitig in vielen Zweifeln, Ungewißheiten und Sorgen hochschaukeln, ist es so schwierig, die düstere Wolke, die über dem Seminar schwebt, zu vertreiben. Und wenn wir nun versuchen, einige der neuen Tendenzen in der Seminarausbildung zu analysieren, ist es wichtig, daß wir uns deutlich der Versuchung bewußt sind, einen Teufelskreis der Depression herzustellen, der äußerst schwierig zu durchbrechen ist.

B. Depression und die neuen Erziehungsmethoden

Nachdem wir jetzt die Depression im Seminar als Identitätsproblem sowohl der Studenten als auch des Leitungsteams erörtert haben, sollten wir uns einige neue Ausbildungsmethoden genauer ansehen, um zu klären, ob sie möglicherweise etwas mit diesem Phänomen zu tun haben. Wir werden unsere Untersuchung auf zwei neue Ansätze in der Seminarausbildung beschränken, die in praktisch allen Seminaren in den USA und in Europa sehr beliebt geworden sind. Ich möchte sie bezeichnen als den Dialog und das Leben in kleinen Gruppen. Auch wenn das dem Leser jetzt vielleicht etwas mühsam vorkommen wird, schlage ich dennoch vor, diese neuen Methoden ziemlich ausführlich zu analysieren, um einige ihrer Tücken deutlich darzustellen, die man meistens verkennt. Vielleicht ist es an dieser Stelle wichtig zu sagen, daß ich in keiner Weise den Versuch anstellen möchte, den Wert dieser Methoden herunterzuspielen oder in Frage zu stellen. Ich hoffe nur, auf die vielen verborgenen Fallstricke aufmerksam machen zu können, über die wir uns im klaren sein müssen, um sie zu vermeiden.

1. Dialog und Depression

Das Wort „Dialog“ soll hier in einem sehr allgemeinen Sinn verwendet werden. Es soll viele Verhaltensweisen umfassen, die man u.a. bezeichnet als: Begegnung, offene Diskussion, Ausdiskutieren von Dingen, Offensein füreinander; immer geht es um ein hohes Maß an verbaler Kommunikation. In dieser Analyse möchten wir die Aufmerksamkeit vor allem auf die verbalen Aspekte des Dialogs konzentrieren.

Die Begründung dafür, daß man in zunehmendem Maß betont, wie wichtig und wertvoll die verbale Kommunikation der Studenten untereinander und mit ihren

Ausbildern sei, wird von zwei Annahmen abgeleitet, die gewöhnlich nicht genannt, sondern als selbstverständlich vorausgesetzt werden. Das ist erstens die Annahme, daß das freie und offene Teilen von Ideen und Gefühlen die Menschen näher zueinanderführt, und zweitens, daß ein hohes Maß an verbalem Austausch existentielle Entscheidungen erleichtert, weil dadurch die anstehenden Fragen geklärt werden.

Deshalb lautet unsere erste Frage: *Bringt verbale Kommunikation die Menschen wirklich einander näher?* Obwohl Worte als Mittel der Verständigung gedacht sind, werden sie dennoch oft als Schleier benützt, der die Verständigung vereitelt. Sie werden sich alle daran erinnern, daß eine der besten Methoden, in einer mündlichen Prüfung gut abzuschneiden, darin besteht, pausenlos zu reden, so daß der Professor gar keine neuen Fragen mehr stellen kann, oder ihn ohne Unterbrechung reden zu lassen, so daß er selber praktisch die Antwort sagt, ohne daß man seine Ignoranz eingestehen muß. In vielen Diskussionen dienen Wörter dazu, um entweder ein peinliches Schweigen auszufüllen oder zu verhindern, daß die eigentlichen Fragen gestellt oder heikle Themen berührt werden. Viele Diskussionen im Parlament dienen mehr dem Zweck, das Problem auf die lange Bank zu schieben, statt es wirklich anzupacken. Stundenlange Debatten bei den Vereinten Nationen, die einem Außenstehenden belanglos und künstlich vorkommen, erfüllen die höchst nützliche Funktion, gefährliche Konfrontationen zu vermeiden.

Das scheint zwar im großen Maßstab offensichtlich zu sein, aber dieser gleichen Dynamik sind wir uns selten bewußt, wenn wir unsere Studenten dazu ermutigen, ihre Probleme in Diskussionen zu erörtern. Doch dürfen wir nicht vergessen, daß Studenten, die unablässig der

Bewertung und dem Notengeben ausgesetzt sind, in vieler Hinsicht voreinander Angst haben und gewöhnlich im Übermaß sich selbst kontrollieren. Oft sind sie derart in Zweifel darüber verstrickt, ob sie den richtigen Eindruck machen, daß sie kaum dazu bereit sind, jemandem in jenen empfindsamen Teil ihrer Persönlichkeit Einblick zu gewähren, wo ihre Zweifel und Unklarheiten zu Hause sind. Wenn man einer Diskussion von Studenten sorgfältig zuhört, stellt man fest, daß sich viele hinter einer verbalen Rüstung verstecken, die oft desto stärker ist, je mehr Worte eingesetzt werden. Wer das nicht glaubt, soll nur darauf achten, was geschieht, wenn jemand unterbrochen wird. Der einzige, der gewöhnlich das Thema wieder zu dem Punkt zurückbringt, an dem er unterbrochen wurde, ist der Sprecher selbst. Sehr selten sagt ein anderer Diskussionsteilnehmer: „Verzeihung, Du hast gerade von Deinem Ausflug in die Berge erzählt, als John hereinkam. Also, wie ging das damals weiter?" Wenn der Erzähler das Thema nicht selber wieder aufgreift, schweift das Gespräch mühelos zu ganz anderen Themen ab.

Was macht man, während andere gerade reden? Nun, sehr oft bereitet man währenddessen angestrengt seinen eigenen Beitrag vor, oder man denkt darüber nach, wie man auf das reagieren soll, was gerade gesagt wird. Sagt jemand: „Hinter der Ermordung von Senator Kennedy steckt ein Komplott der Kommunisten", so besteht gewöhnlich die Reaktion auf diese Aussage darin, daß man sich im Innern fragt: „Stimme ich zu oder nicht?" Statt sich zu bemühen, die Ansicht des Sprechenden besser zu verstehen, wird der Zuhörer auf sich selbst zurückgeworfen und ist fleißig damit beschäftigt, seinen eigenen Standpunkt zu beziehen. Und sobald er diesen Standpunkt in Worten klar gemacht hat, besteht der weitere

Dialog nur noch im ständigen Versuch, ihn zu verteidigen und keine Niederlage einzustecken. Sehr oft kann man Leute beim lebhaften Bemühen erleben, sich selbst und ihre Gesprächspartner von einem Gedanken zu überzeugen, den sie zu Beginn nur sehr zögernd entwikkelt hatten. Das Traurige an der Geschichte ist, daß die Leute oft frei und relativ offen in eine Diskussion hineingeraten und sie mit einer sehr starrsinnigen Meinung verlassen, mit der dürftigen Befriedigung, daß sie sich nicht vom Gegenteil haben überzeugen lassen und eine Schlacht gewonnen haben – bei der es im Grunde genommen gar nichts zu gewinnen gab.

Mit all dem will ich sagen, daß ein verbaler Austausch zwischen Studenten diese nicht immer näher zusammenbringt. Er kann sie genausogut weiter auseinanderbringen. Seminaristen, die aus der Überzeugung, das werde zu einem besseren Gemeinschaftsleben führen, zum Dialog ermutigt worden sind, können sehr enttäuscht, ja sogar abgeneigt werden, wenn sich herausstellt, daß eine jahrelange Diskussion keineswegs ihre Gefühle des Alleinseins und der Entfremdung behoben hat. Oft genug stellen sie einen unerwarteten Kontrast fest zwischen dem Ergebnis vieler Diskussionen und dem eigentlichen Grund, weshalb sie sich so darauf eingelassen haben. Und gelegentlich fühlen sie sich nach dem Dialog noch mehr als Fremde als vorher. Es ist unschwer einzusehen, daß sich aus dieser Erfahrung ein Gefühl des Versagens und der Depression ergeben kann.

Unsere zweite Frage lautet: *Wie weit ist die Klärung von Sachfragen für die Lösung existentieller Probleme hilfreich?* Hier rühren wir an eine sehr schmerzliche Quelle der Frustration. Denn die Fähigkeit, ein Problem klar zu erfassen, ist etwas ganz anderes als die Fähigkeit, mit diesem Problem umzugehen. Wenn Seminaristen über den Sinn von Priestertum, Zölibat, Amtskirche, aktuelle theologische Trends usw. diskutieren, so mag ihnen das in dem Sinn hilfreich sein, daß sie über diese Themen klarer denken und ihre vielfältigen Aspekte deutlicher sehen können; aber wenn sie meinen, dadurch Antworten auf ihre ganz persönlichen Fragen zu finden: soll ich Priester werden, kann ich zölibatär leben, kann ich innerhalb der Amtskirche bleiben, wie kann ich an den lebendigen Gott glauben?, können lange Diskussionen für sie eine peinvolle Erfahrung werden. Ich habe eine jahrelange Diskussion von Seminaristen miterlebt, die hofften, auf diesem Weg vor dem immer näher rückenden Datum ihrer Weihe Klarheit für ihre Entscheidung zum Zölibat zu finden. Es war trostlos anzusehen, wie sich diese Studenten immer mehr in ein kompliziertes Netz von Argumenten, Ideen und Vorstellungen verstrickten, sich in einem Labyrinth voller theologischer Schlagbäume, Autobahnen und Nebenstraßen verirrten und dabei immer ärgerlicher wurden, niemals zur rätselhaften Mitte vorzustoßen, in der sie die Antwort zu finden hofften.

Was geschieht hier in Wirklichkeit? Was würden wir von einem Burschen und einem Mädchen halten, die täglich eine Stunde für die Diskussion darüber vorsehen würden, ob sie einander lieben? Wir alle wissen, daß solche Diskussionen das beste Argument dafür sind, daß sie einander lieber nicht heiraten sollten, denn sonst würden sie nur in eine steife und starre Beziehung eintreten, die bar aller Spontaneität wäre.

Eine Diskussion setzt voraus, daß man einen gewissen Abstand vom Thema hat, der es einem gestattet, seine vielfältigen Gesichtspunkte deutlicher zu sehen und es analytisch zu untersuchen. Aber eine Analyse anstellen bedeutet, zeitweise aus der unmittelbaren Beziehung herauszutreten. Existentielle Entscheidungen trifft man jedoch nur auf der Ebene lebendiger Beziehung. Kein Mensch wird aufgrund von drei, vier überzeugenden Argumenten Priester. Niemand verschreibt sich dem zölibatären Leben, weil Rahner, Schillebeeckx oder Sydney Callahan darüber gute Gedanken geschrieben haben. Theologie, Psychologie und Soziologie bieten keine Lösungen für existentielle Krisen, und jeder, der sich das von ihnen versprechen würde, steigert nur die Frustration, vor allem bei jungen Menschen, die noch nicht genügend Erfahrung haben, um sich der Grenzen der ratio bewußt zu sein.

Es ermangelt nicht der Tragik und der Ironie, daß man in vielen Seminaren immer mehr das Heil in ausdrücklicher intellektueller Durchdringung sucht und zunehmend betont, man „müsse schließlich wissen, was man tut", wohingegen die kirchenferne Jugend Weihrauch anzündet, Meditationsübungen macht und Körner ißt, um einen höheren Grad der Beziehung zu den Grundquellen des Lebens zu erlangen. Derweil sind unsere Gottesdienste geschwätziger und wortreicher geworden, und Weihrauch und andere sinnliche Medien für Ohr und Auge werden verschmäht als Teil einer überholten magischen Religiosität. Aber wir sehen, daß sich die Seminaristen in den Schlingen ihrer Dialoge gefangen finden und mit ihren Anläufen zu klaren Entscheidungen an kein Ende kommen. Die Folge ist, daß sie enttäuscht, übelgelaunt und depressiv werden.

2. Das Leben in kleinen Gruppen und die Depression

Neben der zunehmenden Betonung von Dialog und Diskussion finden wir in vielen Ausbildungsprogrammen eine Verlagerung von großen, zuweilen anonymen

Wohneinheiten von Studenten in einem riesigen Gebäude zu persönlicheren Kleingruppen, sogenannten „Wohngemeinschaften".

Die Wohngemeinschaft ist eine offensichtliche Gegenreaktion gegen die sehr unpersönliche Art des Zusammenlebens, bei der die Studenten viele Jahre der Ausbildung verbrachten, ohne jemals echte persönliche Beziehungen zu ihren Mitstudenten oder Professoren aufbauen zu können. Durch die Unterteilung der großen Gruppe in kleine Wohneinheiten wurde die Möglichkeit geschaffen, wirklich brüderlich-schwesterlich zusammenzuleben, und man hoffte damit eine neue Form des Gemeinschaftslebens zu finden. Aber genau wie im Fall des Dialogs und der Diskussionen wurde auch in dieser Hinsicht nicht immer das erwartete Ergebnis erreicht. Versuchen wir jetzt, einige der Schwierigkeiten besser zu verstehen, die sich beim Versuch mit Wohngemeinschaften auftun.

a) Das erste Problem ergibt sich aus dem schlichten Umstand, daß die Seminaristen sich nicht mehr aus dem Weg gehen können. In einer großen Gruppe, innerhalb derer sich gewöhnlich kleine, informelle Untergruppen entwickeln, hat man die Möglichkeit, Leute zu meiden, die einem nicht liegen, sich auf Abstand von anderen zu halten, die auf einer anderen Wellenlänge zu liegen scheinen und mehr oder weniger frei ein und aus zugehen. In einer Wohngemeinschaft dagegen lebt man mit einigen wenigen Leuten ganz eng zusammen, und fast alles, was man tut, geschieht unter den kritischen Augen der anderen Mitglieder, selbst wenn sie einem nicht besonders sympathisch sind. Wenn man bei einer Gruppenversammlung nicht erscheint, wird das nicht nur vermerkt, sondern auch als Zeichen des Mangels an Interesse oder Einsatzgeist für die Gruppe kritisiert. Sagt man bei einer Zusammenkunft nicht viel, so fragen sich die andern, warum man so wortkarg ist. Alles, was man tut oder nicht tut, kann mit sehr persönlichen Auslegungen überfrachtet werden. Daher ist das Leben in einer Wohngemeinschaft offensichtlich viel anspruchsvoller als das Leben in einer großen Gruppe und setzt viel größere Reife voraus.

b) Das zweite Problem hängt mit der Unklarheit zusammen, welchen Zweck eine Wohngemeinschaft hat. Bilden die Mitglieder einer Wohngemeinschaft eine Art Team, also eine Gruppe von Leuten, die ihre unterschiedlichen Fähigkeiten zusammenlegen, um eine bestimmte Aufgabe besser erfüllen zu können? Ein Team wird von der gemeinsamen Aufgabe her definiert. Wenn das Team nicht richtig funktioniert, hat das seine Auswirkungen auf die Qualität der Arbeit.

Aber eine Wohngemeinschaft von Auszubildenden ist selten auf eine Aufgabe hin orientiert, wie das bei einem Team der Fall ist. Ihr Zweck ist, für ihre Mitglieder die bestmöglichen Lebensmöglichkeiten schaffen. Sie ist eher eine Art Familie, in die man nach Verrichtung seiner Tagesarbeit zurückkehrt. Und hier fangen die Probleme an, denn die so geartete Gruppe kreist sehr leicht um sich selber, statt wie ein Team auf eine Aufgabe ausgerichtet zu sein. Anders als im Team, wo sich die Fragen aus Art und Umständen der gemeinsamen Arbeit ergeben, entzünden sich die Fragen in der Wohngemeinschaft an Art und Umständen der zwischenmenschlichen Beziehungen. So kommt es, daß viele Gruppentreffen zu einer Art dilettantischer Gruppentherapie geraten, bei der die Mitglieder versuchen, ihre gegenseitigen Gefühle füreinander abzuklären und einander ermutigen, viele Dinge auf den Tisch zu legen, die vielleicht lieber in der Schublade geblieben wären. In diesem Fall können Gruppentreffen überstrapaziert werden, und statt daß man sich von individuellen Sorgen zu einer gemeinsamen Sorge hin bewegt, kreist man dann ständig um sich selber und verrennt sich in einen fruchtlosen Narzißmus.

Wir müssen uns dabei vor Augen halten, daß die beteiligten Studenten in Anbetracht ihres Alters, ihres akademischen Lebens und ihrer zwiespältigen Gefühle gegenüber ihrem zukünftigen Beruf bereits über ein hohes Maß an Selbstreflexion verfügen. Und obwohl es sehr wichtig sein kann, daß gelegentlich individuelle Ängste und Zweifel zum Ausdruck gebracht werden können, besteht doch der Hauptzweck der ganzen Ausbildung darin, die Studenten anzuleiten, ihre Selbstbezogenheit nach und nach abzulegen und freie und offene Menschen zu werden, die sich wirklich für das Leben und die Sorgen ihrer Mitmenschen interessieren.

Nun muß man einräumen, daß eine Kultur, die den Menschen nicht erlaubt, sich zeitweise regressiv zu verhalten, diese ruinieren kann. Ohne Schlaf kann der Mensch nicht leben; aber die wirklich wichtigen Dinge ereignen sich gewöhnlich nicht, während man schläft. Das Weinen, das Sprechen über sich selbst und der schutzlose Ausdruck von Gefühlen der Liebe und des Hasses sind für die seelische Gesundheit des Menschen sehr wichtig, aber bei all dem handelt es sich um Formen zeitweiliger Regression, die nur dann fruchtbar sein kann, wenn sie wieder in die Progression, ins Herausgehen aus sich selbst, umschlägt. Bei der Ausbildung sollte die Regression gelegentlich erlaubt, ja es sollte sogar dazu ermutigt werden, aber man kann sie nie als Ideal ansehen, das man bewußt anstreben sollte. Das Ideal besteht darin, nicht mehr um sich selbst zu kreisen, nicht selbstmitleidig zu weinen, nicht unkontrolliert alle seine Gefühle auszuleben, sondern seine eigenen Probleme zu bewältigen und sich der Aufgabe zu widmen, die sich einem stellt und die einen interessiert. Deshalb denke ich, daß eine Gruppe, in der regressive Verhaltensformen ermutigt werden, ihren eigenen Zweck verfälscht.

c) Das bringt uns zum letzten Problem mit dem Team oder der Gruppe; es hat mit dem Bedürfnis nach intensiver Beziehung und Nähe zu tun. Die Erfahrung des Alleinseins spielt sich bei Jugendlichen und jungen Erwachsenen oft in einer sehr tiefen und schmerzlichen Schicht ihres Wesens ab. Sie haben dann die Neigung, dieses Problem dadurch lösen zu wollen, daß sie Freundschaften schließen, die sehr anspruchsvoll sind und sie oft im Übermaß strapazieren. Diese Freundschaften können sehr unreif sein und die Freunde in ein Kleben aneinander führen, und die Ursache dafür sind sehr primitive Bedürfnisse. Es ist eine der Aufgaben der Ausbildung, den Studenten anzuleiten, sich nicht von diesen impulsiven Bedürfnissen treiben zu lassen, sondern sich seiner selbst in reifer Weise bewußt zu werden und ein gesundes Selbstbewußtsein zu entwickeln, das es ermöglicht, die Freundschaft zu einer Beziehung des gegenseitigen Gebens und Vergebens zu entwickeln und die Gefühle des Alleinseins auf reife Weise zu verstehen und anzunehmen.

Daher ist es sehr wichtig, die Gruppe davor zu bewahren, zu einer Clique zu werden, in der primitive Bedürfnisse und Süchte ausgelebt werden dürfen. Das ist schwierig, denn viele Studenten sind derart belastet, daß sie oft unerschöpfliche Bedürfnisse nach Nähe haben und sich an Freunde klammern wollen. Aber das nährt oft die unrealistische Phantasie, der wahre, wirkliche, treue Freund warte noch irgendwo auf einen, und er werde alle Gefühle der Frustration ganz und gar beheben. Jemand, der im Seminar ist oder zum Priester geweiht wird und diese Phantasie nährt, muß notwendig ein sehr unglücklicher Mensch werden. Und wenn die Gruppe eine Form bietet, um diese unrealistische Sehnsucht nach Nähe zu stillen, kann viel Schaden angerichtet werden.

So können wir sehen, daß das Leben in einer Wohngemeinschaft ein ganz besonderes und heikles Unternehmen ist, das der besonderen Aufmerksamkeit aller bedarf, die für die Ausbildung verantwortlich sind. Die Hauptgefahr besteht darin, daß ein zielorientiertes Team zu einer um sich selbst kreisenden Clique verkommt, in der abhängig machende Beziehungen die psychische Energie der Studenten lahmlegen und regressives Verhalten fördern. In dieser Situation werden die Studenten leicht verdrossen, äußerst anspruchsvoll und reizbar. Sie neigen dazu, mehr Aufmerksamkeit zu fordern, als ihnen je jemand bieten und mehr Sympathie, als ihnen je jemand zuwenden kann. Sie reden in einem ungesunden Ausmaß über Liebe, suhlen sich auf subtile Weise in ihrem Alleinsein und äußern im wesentlichen alle Symptome eines verdorbenen Kindes. Und das allgemeinste und ansteckendste Symptom dieses regressiven Verhaltens ist die Depression, das Gefühl, nicht verstanden, nicht akzeptiert und nicht geliebt zu sein, und das Bedürfnis, von denen bemitleidet zu werden, für die man ein seltsames Gemisch aus Feindseligkeit und Liebe empfindet. Auf diese Weise kann das Leben in kleinen Gruppen leicht zu einer sehr deprimierenden Lebensweise verkommen, in geradem Gegensatz zu seinem Anliegen. Am bemerkenswertesten ist, daß die dabei auftretenden Gefühle oft so verschwommen und alles durchsetzend sind, daß die Seminaristen selbst und sogar das Leitungsteam große Schwierigkeiten damit haben, die Quelle des Problems auszumachen.

Anhang: Das Problem der Übermüdung

Bevor wir diesen diagnostischen Teil abschließen, möchte ich noch eines der sichtbarsten Symptome im Zusammenhang mit dem Dialog und dem Leben in kleinen Wohngruppen zur Sprache bringen. Eine bemerkenswerte Anzahl von Seminaristen beschwert sich darüber, in einem unangemessenen Maß ständig übermüdet zu sein. Obwohl sie schlafen können, solange sie wollen, sehen sie recht müde aus. Ihre Augendeckel sind schwer und ihre Körper empfinden sie wie etwas, was sie herumschleppen. Der Philosoph könnte sagen: „Sie sind nicht eigentlich ihre Körper, sondern sie haben ihre Körper." Wenn sie morgens aufwachen, fühlen sie sich nicht entspannt, sondern haben sehr deutlich das Gefühl, als schwere Last auf dem Bett zu liegen. Sogar das Anziehen gerät zu einer Aufgabe, die Konzentration und besonderen Energieeinsatz erfordert.

Diese sogenannte neurotische Übermüdung ist das Ergebnis einer Lebensart, die sich durch ein Überbewußtsein auszeichnet, bei dem sich der Mensch nicht mehr seinen automatischen Antrieben anvertraut, sondern in jedem Augenblick bewußt das kontrollieren und reflektieren will, was er tut. Genau wie sich jemand, der ganz genau auf seinen Atem achten will, geradezu in Gefahr bringen kann und jemand, der seinen Herzschlag beherrschen will, nicht leben kann, läuft auch ein Seminarist, der ständig über Freundschaft, Liebe und Gemeinschaft redet, Gefahr, die Gelegenheit zu verpassen, jemals eine dieser Wirklichkeiten zu erfahren. Dieser Mangel an Teilhabe am wirklichen Leben hängt gewöhnlich mit oft unbewußten Ängsten zusammen. Irgendwie hat ein Mensch in diesem Zustand der Übermüdung zeitweise sein Grundvertrauen verloren, daß das Leben gut und lebenswert sei, und er verhält sich so, als müsse er ständig wachsam und auf unerwartete Fallen und Gefahren gefaßt sein.

Diese Form der Übermüdung kann gefährlich sein, denn sie führt den Studenten leicht in einen Teufelskreis, aus dem es kaum mehr ein Entrinnen gibt. Seine Depression macht ihn müde, seine Übermüdung macht ihn deprimiert, undsoweiter undsoweiter. Ich möchte nicht unterstellen, daß alle oder die meisten Seminaristen dieses Symptom zeigen, aber bei einigen von ihnen ist das der Fall, und wenn uns das klar ist, bewahrt es uns davor, zu sagen: „Mensch, ruh dich einmal gut aus und laß für einen Tag das Studieren bleiben", denn statt für den Betreffenden hilfreich zu sein, könnte ihm dieser gutgemeinte Rat eher schaden.

Damit sind wir am Ende unseres diagnostischen Teils, in dem wir das Problem der Depression als ein Identitätsproblem von Studenten und Leitungsteam und zugleich als ein Problem im Zusammenhang mit den neuen Ausbildungsmethoden des Dialogs und des Lebens in kleinen Wohngemeinschaften erörtert haben. Außerdem haben wir noch besonders auf die neurotische Übermüdung als ein oft sichtbares Symptom der Depression hingewiesen. All das hinterläßt uns jetzt mit vielen Fragen. Und die Versuchung ist jetzt, zu sagen: „Vielleicht sollten wir es doch wieder wie in der guten alten Zeit machen, mit dem frühen Aufstehen, langen Betrachtungszeiten, klaren disziplinarischen Spielregeln und dem ganzen eindeutigen System von Belohnung und Strafe." Ehe wir diesen Fehler machen, sollten wir die Frage stellen, wie die Therapie aussehen könnte.

II. Therapeutische Überlegung

Nach unserer ziemlich langen Diagnose stellen wir uns vielleicht die Frage, ob die neuen Ansätze in der Seminarausbildung tatsächlich so vielversprechend sind, wie wir es von ihnen erhofft hatten. Wenn das Offensein für viele Grundsatzfragen, die neuen demokratischen Formen der Verwaltung, die Betonung des Dialogs und das Einführen von kleinen Wohngruppen nur zu einem tristen Klima führt und eine Ansammlung intelligenter Nörgler hervorbringt, könnte uns das ganze Modernsein reichlich fragwürdig werden.

Aber das ist eine Versuchung – die berühmte Versuchung, die schwachen Punkte der Erneuerung als Argument für das Konservativsein zu benutzen. Wenn etwas klar ist, dann dies: das Seminarleben, wie wir es vor einigen Jahrzehnten noch gekannt haben, ist vorbei, unwiederbringlich. Und noch klarer ist, daß es des Mutes, des Einfallsreichtums und einer großen Sensibilität gegenüber unserer sich wandelnden Welt bedurft hat, um zu neuen Wegen bei der Vorbereitung auf das Priestertum und das Ordensleben anzusetzen. Und es wäre allzuleicht, billig und unehrlich, mit dem Finger auf die Fehler derjenigen zu zeigen, die das Wagnis zu neuen Experimenten auf sich genommen haben. Jeder Art von Experiment blüht es, einige unerwartete Probleme zutage zu fördern. Hätte man sie in der Form erwartet, wäre es vermutlich kein wirkliches Experiment für einen Neuanfang gewesen.

Aber wir müssen auch den Versuch anstellen, eine Erklärung für die Probleme zu finden. Und wenn wir dargelegt haben, daß es bei neuen Formen der Beziehung zwischen Studenten und Leitung und neuen Ausbildungsmethoden schmerzliche Rückschläge gibt, wollten wir damit nicht behaupten, daß die neuen Wege falsche Wege sind, sondern sie können vielleicht besser geebnet werden, wenn man die mit ihnen verbundenen dynamischen Prozesse besser versteht.

Deshalb besteht unsere Aufgabe jetzt darin, eine „antidepressive Verhaltensanleitung" zu formulieren, das heißt, Leitlinien aufzustellen, die helfen könnten, die depressiven Reaktionen auf viele schöpferische Initiativen zu mildern. Bevor wir jedoch irgendwelche konkreten Leitlinien nennen, sollten wir das Prinzip formulieren, auf dem alle Leitlinien beruhen. Dieses Prinzip lautet, daß der erste Zweck jeder Ausbildung darin besteht, eine sinnvolle Struktur anzubieten, die es dem Studenten erlaubt, seine Energien schöpferisch zu entfalten.

Das Schlüsselwort für die Ausbildung und das Kriterium jeder Erziehungsrichtlinie lautet „Struktur". Es geht dabei um eine Struktur, die einem das rechte Urteil darüber ermöglicht, welchen Gefühlen man trauen und welchen man mißtrauen muß, welchen Ideen man folgen und welche man ablehnen muß. Die Struktur soll die vielen anscheinend unzusammenhängenden Antriebe und Ideen des Studenten zur Einheit zusammenführen. Die Struktur soll zur Entscheidung helfen, welches Vorhaben bloß eine Spinnerei ist und welches den Ansatz für ein praktikables Projekt bietet. Die Struktur soll die Möglichkeiten bieten, seinen Tag nützlich zu organisieren, dem Jahr einen vernünftigen Plan zu geben und das Ruder seines Lebens in die Hand zu nehmen.

Unsere heutigen Probleme ergeben sich nicht aus der Tatsache, daß wir zu modern, zu liberal oder zu progressiv sind, sondern daß wir noch nicht die sinnvollen Strukturen haben, anhand derer wir dem Studenten helfen können, seine vielen noch richtungslosen und ungebündelten Fähigkeiten in eine rechte Form zu bringen. Von diesem Prinzip her werden wir nun einige Leitlinien zu formulieren versuchen. Wir werden das unter dem Gesichtspunkt der Identität von Student und Leitungsteam und der neuen Ausbildungsmethoden tun.

A. Struktur und Identitätsproblem

Ein Student, der um seine Identität ringt und dabei nach Kompetenz, Selbstkontrolle und seiner Berufung sucht, wird all das nie finden, wenn das Leitungsteam, mit dem er täglich zu tun hat, nicht seine eigene Rolle klar und deutlich ausfüllt. Diese Rolle ist eine Rolle der Autorität. Hat ein Mitglied des Leitungsteams keinerlei Autorität, so kann kein Student zu ihm in seiner Rolle als Student in Beziehung treten.

Die wichtigste Leitlinie lautet hier also, daß die Leitung Autorität ausüben muß, ohne autoritär zu werden. „Autorität ausüben“ bedeutet hier schlicht und einfach, daß sich die Autorität des Leitungsteams-Mitglieds aus seiner Kompetenz, seiner Reife und seinem Glauben herleitet. Jemand mit gesunder Autorität kennt seinen Bereich, kann sich den Spannungen des Lebens in rechter Weise stellen und glaubt daran, daß er zu einer sinnvollen Tätigkeit berufen ist. Diese Art Autorität ist innen-geleitet; sie hat es nicht nötig, auf Zitate von Päpsten, Bischöfen oder Vorgesetzten zu pochen, um irgendetwas mit Überzeugungskraft zu verlangen. Ein autoritärer Mensch braucht zum Leben Regeln, ein Mensch mit Autorität lebt so, daß die Spielregeln von allein zutage treten. Studenten wollen kritisiert, getadelt und sogar gestraft werden. Wer ihre Sprache recht versteht, der hört heraus, daß sie danach verlangen. Aber die Autorität, die solches ausübt, sollte sich nicht auf subjektive Gefühle und Einfälle stützen, nicht auf abstrakte Regeln und Anordnungen, sondern auf ein kritisches, kompetentes und objektives Verständnis für das Verhalten der Studenten.

Man braucht Konflikte, Reibungen und Meinungsverschiedenheiten nicht zu vermeiden. Sie sind Bestandteil der Ausbildung. Aber nur wenn die Leitung ihre ihr zustehende Autorität wahrnimmt, ist der Student in der Lage, seine eigene Identität zu finden, seine eigenen Lebenserfahrungen richtig einzuordnen und sich fest auf seine beiden Füße zu stellen, wenn er soliden Boden unter sich spürt. Ein solcher Student wird nicht von Depressionen geplagt.

B. Struktur und die neuen Ausbildungsmethoden

Unsere zweite Leitlinie bezieht sich auf den Dialog und das Leben in kleinen Wohngruppen im Seminar. Bei beidem handelt es sich um höchst moralische Aktivitäten, die jemanden voraussetzen, der fähig ist, Verantwortung zu tragen. Wenn es stimmt, daß eine Diskussion sowohl zusammenführen als auch voneinander trennen kann, und daß eine kleine Gruppe sowohl zielorientiert sein als auch um sich selbst kreisen kann, handelt es sich in beiden Fällen also um hochsensible Lebensbereiche, die man nicht dem freien Spiel von Versuch und Irrtum überlassen kann. Wenn niemand dabei die Verantwortung übernimmt, zerrinnen Gefühle, Ideen und Vorhaben wie Wasser, das von keinem Flußbett geführt wird und nach allen Seiten Land verheert, statt es zu bewässern. Wer die Verantwortung übernimmt, ist in der Lage, hilfreiche Kanäle zu ziehen, durch die das Leben befruchtet wird. Deshalb lautet unsere Leitlinie hier, daß solche sensiblen Prozesse wie Dialog und Leben in kleinen Gruppen einer klar umschriebenen Verantwortung bedürfen, wenn sie effektiv sein wollen. Diese Notwendigkeit von Verantwortung bedeutet gewöhnlich, daß es irgendeine Form von Führung geben muß, durch die in den Dialog und die Gruppenprozesse Struktur gebracht wird. Ich will hier verschiedene Weisen aufzählen, auf die eine solche Führung ausgeübt werden kann.

a) Gute Führung kann Gruppenprozesse davor bewahren, zu Amateurveranstaltungen in Gruppentherapie zu werden. Schafft man die Möglichkeit, den Gefühlen von Liebe und Haß, Ärger und Frustration, Feindseligkeit und erotischem Begehren offenen Ausdruck zu verleihen, ohne dies fachmännisch unter Kontrolle zu halten, sorgfältig zu begleiten und auf klar festgesetzte Ziele auszurichten, ist das gefährlich und neigt dazu, den Menschen mehr zu schaden als ihnen zu helfen.

b) Gute Führung kann in Zeiten der Krise die richtige Atmosphäre schaffen, um bestimmte existentielle Fragen zu diskutieren. Wenn der Führer nicht nur ein gleichrangiger Teilnehmer ist, sondern mehr als eine individuelle Meinung repräsentiert, kann er den Studenten vermitteln, daß sie festen Boden unter den Füßen haben und gegen gefährliche Fallen geschützt sind.

c) Gute Führung hält die Kommunikation in einer Gruppe frei und offen. Niemand kann gezwungen werden, in eine Diskussion einzusteigen, wenn er das nicht will. Viele Leute haben einfach nichts zu sagen oder sind noch nicht so weit, etwas zu sagen. Und unterschwelliger Druck, an einem Dialog teilzunehmen, kann einem die Freiheit nehmen, den Grad an persönlichem Sich-Einlassen, der einem liegt, selbst zu wählen.

Betrachten wir diese Gesichtspunkte, die eine gute Führung auszeichnen, werden wir uns der grundlegenden Einsicht bewußt, daß Diskussionen und Wohngruppen Menschen nur einander näherbringen können, wenn diese bereits auf irgendeine Weise etwas Gemeinsames haben. Der Führer der Gruppe repräsentiert dann ein bestimmtes bereits vorhandenes Niveau von Gemeinschaft, auf dem diese Prozesse fruchtbar stattfinden können. Die Autorität des Führers läßt sich als Ausdruck jener Autorität verstehen, über die zuallererst die ganze Gemeinschaft verfügt. Darum besteht die Aufgabe des Leiters darin, die klaren Umrisse der Gemeinschaft zu wahren und darüber zu entscheiden, welche Ideen, Gefühle und Handlungen innerhalb dieser Umrisse angebracht sind und welche nicht. Und die Beteiligten werden sich in viel größerer Freiheit ausdrücken, wenn sie wissen, daß sie zurückgeholt werden, wenn sie die Grenzen überschreiten.

Aus diesem Grund bietet eine gute Führung festen Halt gegen Depressionen, indem sie die belastenden Fragen in den sicheren Kontext einer Gemeinschaft einbindet. Und das bringt uns zu unserer Schlußfolgerung, die uns schließlich die Frage zu stellen erlaubt, wie eine religiöse Gemeinschaft beschaffen sein kann.

Die religiöse Gemeinschaft

Nach diesen „therapeutischen" Überlegungen, bei denen das Schlüsselwort „Struktur" hieß, mußten wir schließlich den Begriff „Gemeinschaft" verwenden. In der heutigen Diskussion über das Ordens- und Seminarleben ist das vielleicht der am häufigsten gebrauchte Begriff, der sowohl Gefühle freudiger Erregung als auch Gefühle äußersten Überdrusses hervorruft. Wir haben bis zum jetzigen Punkt dieses Wort zu vermeiden versucht, um die ihm zugrundeliegenden Kräfte kritischer betrachten zu können. Aber im Zug unserer Schlußfolgerung müssen wir uns dieses große Wort wieder vergegenwärtigen und uns die Frage stellen, was es im Zusammenhang mit dem Problem der Depression im Seminar bedeutet.

Die religiöse Gemeinschaft ist ecclesia, das heißt „herausgerufen" aus dem Land der Knechtschaft in ein freies Land. Sie zieht unablässig aus dem status quo aus und sucht das, was jenseits des Hier und Jetzt liegt. Sobald die Gemeinschaft seßhaft wird, fällt sie der Versuchung anheim, ihren Glauben zu verlieren und ihre Hausgötzen zu verehren, statt den einen wahren Gott, der sie in einer Feuersäule führt.

Wenn wir von „Berufung" sprechen, dann müssen wir zuallererst die Frage stellen, ob die Gemeinschaft eine solche Berufung hat, das heißt, ob sie sich selbst als dazu berufen erfährt, aus Ägypten, dem Land der Unterdrükkung – der Depression – in ein neues, noch unerforschtes Land auszuziehen. Es scheint, daß manche Gemeinschaften ihren élan verloren haben und sich von der wunderschönen Oase auf ihrem Weg so haben betören lassen, daß sie sich darin seßhaft niedergelassen und vergessen haben, wozu sie eigentlich berufen sind.

Ich meine, die Berufung des individuellen Seminaristen läßt sich als Teilhabe an der Berufung der Gemeinschaft ansehen. Wenn heutzutage viele Studenten das Seminar verlassen, so könnte das durchaus an dem Umstand liegen, daß sie nicht imstande waren, die Berufung zu erkennen, an der sie teilhaben können. Stattdessen fanden sie eine Gruppe Menschen vor, die vollauf mit internen Konflikten beschäftigt waren, in kleinen, bedeutungslosen Debatten über Rituale, Regeln und Autoritäten aufgingen und merkwürdig blind für den Umstand waren, daß sie den Großteil ihrer Energie mit Belanglosigkeiten vergeudeten, während sich die Welt auf den Rand zum Selbstmord zubewegte. Diese Gemeinschaften, die um sich selbst kreisen, haben die Tendenz, den Studenten auf sich selbst zurückzuwerfen und verstärken in ihm die Selbstbespiegelung, indem sie ihm vermitteln, die Berufung sei eine innerliche Inspiration, die man nur dann entdecke, wenn man endlos in sich selbst hineinhöre. Das hat zur Folge, daß sich der Seminarist selbst viel zu wichtig nimmt und von seinen Oberen verlangt, sie sollten sich ständig um seine höchstpersönlichen Bedürfnisse und Wünsche kümmern. Ich glaube, das Problem liegt gewöhnlich nicht bei den Studenten, die ihr Bestes geben wollen, noch bei der Leitung, die bereit ist, alles für ihre Studenten zu tun, sondern bei der umfassenderen Gemeinschaft, die ihre grundsätzliche Überzeugung verloren hat, ihre Existenz sei unbedingt notwendig, weil sie berufen sei, eine Aufgabe zu erfüllen, die niemand anderer erfüllen wird.

Es fehlt nicht an Einsatzbereitschaft. Davon gibt es so viel, daß jeder, der sie zu wecken und zu kanalisieren versteht, Berge versetzen und Meere zurückweichen lassen kann. Ich bin der festen Überzeugung, daß eine Gemeinschaft, die sich berufen weiß, eine äußerst schwierige Aufgabe zu erfüllen, und die große Opfer und große

Selbstverleugnung verlangt, um offensichtlich und überzeugend Gottes Werk zu verrichten, keine Probleme haben wird, um Menschen zu finden, die dieses herausfordernde Unternehmen mittragen. Wer harte Arbeit, lange Stunden und viel Opfer verlangt, wird die Starken und Großherzigen anziehen, aber wer Schutz, Erfolg und alle Annehmlichkeiten einer Überflußgesellschaft verspricht, wird sich auf die Schwachen, die Faulen und die Verdorbenen einstellen müssen. Es ist traurig aber wahr, daß durchaus nicht immer die Schwachen und Faulen unsere Seminare verlassen, sondern oft die Starken und die Idealisten, die so viel zu geben hatten, daß sie es unmöglich in einem faden, bequemen Leben vergeuden wollten.

Die Aufgabe der religiösen Gemeinschaft besteht darin, unablässig aus allzu bequemen Umständen auszuziehen und nach Bereichen Ausschau zu halten, in die nur jemand gehen will, der bereit ist, sein Leben hinzugeben. Das kann alles sein: Erziehung, Krankenpflege, Mission usw. Aber sobald irgendeines dieser Unternehmen anfängt, sehr ertrag- und erfolgreich zu werden, muß uns klar sein, daß dies ein Zustand der Versuchung ist und die Herausforderung darstellt, wieder die Anker zu lichten und zu neuen Ufern aufzubrechen. Und vieles an der Depression, das wir in unserer Diagnose erkannt haben, ließe sich in letzter Analyse als Zeichen dafür deuten, daß die Gemeinschaft versucht ist, ihrer Berufung als ecclesia untreu zu werden und die Feuersäule aus den Augen zu verlieren. Eine religiöse Gemeinschaft kann nur Bestand haben, wenn sie mit diesem Feuer in Kontakt bleibt. Dieses gleiche Feuer war das Symbol der neuen Gemeinschaft, die am Pfingsttag entstanden ist. Statt eng beieinanderzuhocken und sich angstvoll aneinander zu klammern, rissen die Apostel die Türen weit auf, traten in die Welt hinaus und verteilten sich in alle Himmelsrichtungen. Sie wußten, daß sie von mehr als der bloßen psychologischen Erfahrung von Sympathie und Freundschaft getragen und unterstützt wurden.

Das war es, was Jesus dem wankelmütigen Petrus gebot, als er ihn dreimal fragte: „Liebst du mich mehr als diese?" Jesus fragte nach seiner agape, nicht nach seiner philia. Petrus brauchte eine Zeitlang, um den Unterschied zu begreifen. Denn Jesus war der Auffassung, nur diese göttliche Liebe, die agape, werde ihm helfen können, seiner Berufung treu zu bleiben. Und diese Berufung bedeutete, daß Petrus nicht länger sich selbst gürten und gehen konnte, wohin er wollte, sondern daß er seine Hände ausstrecken und sich von einem anderen gürten und führen lassen sollte, wohin er von sich aus nicht gehen wollte (vgl. Joh 21,18). Erst wenn er alt würde, sollte Petrus dazu fähig sein. Die Ausbildung im Seminar hat den Sinn, dieses Wachstum zum reifen Mann zu fördern, der von der neuen Liebe gestärkt wird und daher begreift, daß das Kreuz kein Zeichen der Depression mehr ist, sondern ein Zeichen der Hoffnung.

Fünftes Kapitel

Nähe in der Seelsorge: Der Priester und seine seelische Gesundheit

Wer einmal dabei war, wenn ein stark verwirrter Patient in eine psychiatrische Klinik aufgenommen wird, wird sich vielleicht gewundert haben, was für Fragen der betreffende Arzt dem Patienten gestellt hat. Er hat nicht gefragt: „Was haben Sie für ein Problem?" oder: „Wo tut es Ihnen weh?", sondern eher: „Können Sie mir sagen, wieviel Uhr es ist? Wissen Sie, was für ein Tag heute ist, was für ein Monat, was für ein Jahr?" Dann fragt er weiter: „In welcher Stadt sind wir? In welchem Land?", und schließlich noch: „Wie heißen Sie? Wie heißen Ihre Freunde? Welchen Beruf haben Sie?"

Weshalb stellt ein Arzt alle diese Fragen nach selbstverständlichen Dingen? Er will wissen, ob der Patient die Antworten weiß: in welcher Zeit er lebt, wo er ist, wer er ist. Denn grundlegend für die geistige Gesundheit eines Menschen ist, daß er seinen Platz in Zeit, Raum und als Person kennt, oder – mit anderen Worten –, daß der Mensch sich realistisch seiner selbst bewußt ist.

Aber was ganz grundlegend für unsere geistige Gesundheit ist, das ist auch auf allen Ebenen unseres Verhaltens von ausschlaggebender Bedeutung. Die schmerzlichen und schwierigen Probleme in unserem Leben beziehen sich immer auf die einfachen, grundlegenden Dinge. Wir können nicht sein, ohne geliebt zu werden, aber dennoch besteht unser Leben lang unsere Hauptsorge darin, zu lieben und geliebt zu werden. Genauso ist es unerläßlich für unsere seelische Gesundheit, in Zeit, Raum und als Person seinen Platz genau zu kennen. Wenn wir aufwachsen und an jedem neuen Tag unseres Lebens mit einem neuen Stück Wirklichkeit konfrontiert werden, bleibt das eine unablässige Herausforderung, ganz besonders für Menschen, deren Welt gerade mitten im Aufruhr und strenger Neubewertung und gnadenloser Selbstkritik ausgeliefert ist.

Unsere Welt ist das, und vielleicht noch einmal ganz besonders die Welt des Priesters. Wenn sich der Priester in der modernen Welt die Frage stellt: „Wann, wo und wer bin ich?", ist das vielleicht gar nicht so leicht zu beantworten. Wenn er plötzlich und schmerzlich vor neue und verwirrende Wirklichkeiten gestellt wird, läuft er Gefahr, seine Orientierung zu verlieren. Und das bedeutet, daß seine seelische Gesundheit in Gefahr ist. Deshalb will ich die seelische Gesundheit des Priesters in der Welt unter den Gesichtspunkten der gesunden Einteilung der Zeit, der gesunden Einteilung des Raumes und der gesunden Selbsterkenntnis erörtern und aufzeigen, wie Probleme auf diesen drei Gebieten für den Priester in der modernen Welt zur Quelle seelischen Leidens werden können.

A. Die gesunde Einteilung der Zeit

Die gesunde Einteilung der Zeit ist vielleicht eines der offensichtlichsten und dennoch am wenigsten begriffenen Probleme für die Priester. Betrachten wir zwei Formen der Zeiteinteilung genauer: die langfristige und die kurzfristige.

Mit der langfristigen Zeiteinteilung ist gemeint, wie ein Priester seine Tage, Wochen und Monate für einen effektiven Lebensplan nutzt. Ich glaube nicht zu übertreiben, wenn ich sage, daß viele neugeweihte Priester das Seminar mit gewaltigem Ehrgeiz, hochgesteckten Zielen und übereifrigen Erwartungen verlassen. Der von frischem Schwung erfüllte Neupriester neigt dazu, sich kopfüber in seine Seelsorgstätigkeit zu stürzen und sich als getreuer Schüler des Pelagius zu erweisen. Er kann sehr schnell zum Opfer dessen werden, was distanzierte Beobachter einen „Erlöserkomplex" genannt haben. Er macht sich auf dem ihm zugeteilten Gelände fast allgegenwärtig. Kein Bibelkreis, keine Gebetsgruppe, keine Pfadfinder-Gruppenstunde, keine Frauenbund-Veranstaltung, keine Ministrantenstunde, kein Arbeitskreis über soziale, finanzielle oder geistliche Fragen finden statt, wo er nicht zugegen wäre. Er spricht mit fast jedem, der mit ihm sprechen will, gibt ratlosen Pfarrkindern Ratschläge, berät Ehepaare, gibt Unterricht in Grund-, Haupt-, Realschule und Gymnasium und ist pausenlos verfügbar für jedermanns Bedürfnisse – vielleicht ausgenommen die eigenen. Selten einmal schlägt er eine Einladung aus, selten sagt er nein, und selten zieht er sich in sein Privatzimmer zurück. Und er bekommt dafür seine Belohnungen. Er ist beliebt, alle in der Pfarrei mögen ihn gern. Sie sagen, er sei nett, aufgeschlossen, verständnisvoll. Sie anerkennen: „Der Mann setzt sich wirklich für seine Leute ein. Er ist über alles auf dem laufenden. Er ist anders als der alte Pfarrer. Dieser Junge ist ganz und immer für uns da." Ja, immer. Mit einem gewissen Stolz erzählt er seinen Amtsbrüdern, er komme nachts selten auf mehr als fünf Stunden Schlaf, außer zum Brevier reiche es ihm kaum einmal zu einem Buch, und unmöglich könne er sich gelegentlich eine Stunde fürs Tennisspielen abzwacken.

Sie werden unschwer erkennen, was das ist: der Erlöserkomplex in Reinkultur. Aber wie lange ist er durchzuhalten? Zwei, vier oder fünf Jahre vielleicht, und dann sehen die Dinge allmählich anders aus. Er merkt, daß es ihm nicht gelungen ist, die Welt um sich herum so zu ändern, wie er es sich erhofft hatte, und die Menschen sind kaum anders geworden als ganz zu Anfang. Die gleichen alten Probleme kehren ständig wieder, aber sie haben nicht mehr den Reiz des Neuen und Lösbaren an sich. Keine neuen Bücher oder Ideen sind zu seinen bisherigen mehr dazugekommen. Dann kann sich ganz langsam, aber zuweilen alles durchdringend ein Gefühl der Öde und des Überdrusses einschleichen, und die Frage drängt sich auf: „Was bringe ich überhaupt zustande? Nichts ändert sich wirklich, und ich bin allmählich aller Aktivitäten, aller Menschen und auch meiner selbst müde."

Ein allumfassende Ermüdung – physisch, aus Mangel an Schlaf; geistig, aus Mangel an Motivation; und geistlich, aus Mangel an Inspiration – greift um sich und führt in teilnahmslose Resignation, zunehmende Orientierungslosigkeit oder sogar zehrende Depression.

Wir haben es hier mit einer ungesunden Einteilung der langfristigen Zeit zu tun. Aus dem so beliebten, inspirierenden, schöpferischen Priester ist innerhalb weniger Jahre ein orientierungsloser, leerer, in Routine versandeter, müder Mensch geworden, der sich selbst und vielleicht auch den andern von der Kanzel immer wieder sagt, schließlich habe selbst Jesus Christus die Welt nicht verändern können, und es gebe nun einmal nichts wirklich Neues unter der Sonne. Und viele Priester, die die Hoffnung der Diözese oder die Leuchte des Ordens waren, werden bittere und enttäuschte Männer. Manche klammern sich weiterhin an ihr Priestertum, um sich eine Art Heimat zu erhalten, andere geben es in der Hoffnung auf, anderswo ein neues Leben anfangen zu können. Aber das ist immerhin nicht der Normalfall.

Viel verbreiteter ist die ungesunde kurzfristige Einteilung der Zeit. Bei der kurzfristigen Zeiteinteilung geht es darum, wie ein Priester seine Stunden im Laufe eines Tages nützt. Mir scheint, es ist äußerst wichtig, daß der Priester eine bestimmte Zeit für die Arbeit und eine bestimmte Zeit für die Entspannung hat. Es gibt Lebensweisen, bei denen schwierig auszumachen ist, wann jemand sich verausgabt oder sich erholt. Ein Priester, der den ganzen Tag im Pfarrhaus lebt und von seinen Mitarbeitern umgeben ist, ist in gewisser Hinsicht immer im Dienst. Die Leute können ihn zu jeder Tageszeit anrufen und er ist nie vollständig außerhalb seines Arbeitsbereichs. Andererseits kann er sich zu ganz ungewöhnlichen Stunden ausruhen und ist immer bei sich daheim, wo er essen, schlafen, spielen und beten kann.

Seine Zeit ist also nur sehr unklar definiert. Das Ergebnis kann sein, daß er das Gefühl hat, Tag und Nacht ständig auf Trab zu sein, ohne jemals wirklich konzentriert zu arbeiten oder wirklich auszuruhen. Für einige Tätigkeiten gibt es feste Termine, aber im übrigen ergibt sich seine Arbeit ziemlich aufs Geratewohl. Der Priester weiß nie sicher, was in den nächsten Stunden wieder auf ihn zukommt. Für einen Menschen mit großem Pflichtbewußtsein kann das äußerst frustrierend werden. Der Mangel an Erfolgserlebnis kann zum Gefühl führen: „ich habe zu wenig getan" und treibt ihn an, auch seine freien Stunden mit Tätigkeiten auszufüllen, und das verstärkt dann seine Enttäuschung über sich selbst umso mehr.

Wenn die Unterschiede zwischen Tag und Nacht, Arbeit und Spiel, Pflicht und Hobby zerfließen, verliert das Leben seinen Rhythmus und wird konturenlos. Ein solches „ungesundes Leben" kann die Inspiration und Kreativität ertöten, denn dadurch wird der Mensch eher zum Opfer als zum Gestalter seiner Zeit. Er ist ständig am Laufen und hält selten inne, um über Sinn und Wirksamkeit seines geschäftigen Treibens nachzudenken. Ja, zuweilen hat man den Eindruck, er habe geradezu davor Angst, einmal stillzustehen und sich Gedanken zu machen, denn es könnte ihm dabei aufgehen, daß es gar nicht unbedingt heißt, nützlich zu sein, wenn man ungeheuer geschäftig und übermüdet ist.

Es ist klar, daß dieses Problem eng mit dem Zölibat zusammenhängt. Ein Priester verläßt nie sein Heim, um zur Arbeit zu gehen, und er kommt nie nach getanem Tagewerk heim, wo jemand auf ihn wartet und ihm hilft, etwas Abstand zu finden. Er ist immer und nie daheim, er ist immer und nie bei der Arbeit, und er ist immer in Uniform, ohne Unterschied von Zeit oder Art seiner Tätigkeit. Auch diese ungesunde kurzfristige Zeiteinteilung kann bald in die ständige Klage über Übermüdung und in einen ständigen Zustand des Überdrusses führen.

Kurz gesagt, eine gesunde Zeiteinteilung ist von entscheidender Bedeutung für die physische, geistige und seelische Gesundheit des Priesters, und das nicht nur im Hinblick auf die langfristige Fruchtbarkeit seines Wirkens, sondern auch im Hinblick auf seine Kreativität und Inspiration im tagtäglichen Leben.

B. Die gesunde Einteilung des Raumes

Neben einer gesunden Zeiteinteilung ist für die seelische Gesundheit des Priesters auch eine gesunde Einteilung seines Raumes von großer Wichtigkeit. Wir können also von einer gesunden Raumeinteilung sprechen. Seminaristen, Welt- und Ordenspriester leben in Häusern, in denen sie die vielfältigen Aspekte ihres Lebens unter einem Dach mit anderen teilen. Eines der kritischen Probleme des katholischen Seminars von heute ist seine „totale Institutionalisierung". Das bedeutet, daß das Leben des Studenten in jeder Hinsicht – in seiner religiösen Ausbildung, seiner akademischen Unterweisung, seinem sozialen Leben und seiner physischen Ertüchtigung – voll institutionalisiert ist und unter ein und demselben Dach, derselben Regel und derselben Autorität stattfindet. Das eine sehr gut durchorganisierte Milieu durchdringt und besorgt alle Dimensionen des Lebens des Studenten.

Das gilt nicht nur für das Seminar, sondern in vieler Hinsicht auch für das Ordensleben und das Leben im Pfarrhaus. Es scheint, nur eine einzige andere Organisation kann es mit der katholischen Kirche aufnehmen, was die totale Institutionalisierung betrifft: das Militär.

Der Priester oder Seminarist befindet sich oft in einer Situation, die er als erdrückend erlebt. Mag er nun essen oder trinken, spielen oder beten, schlafen oder nachts aufbleiben, studieren oder Tagträumen nachhängen, ins

Kino oder ins Theater gehen – alle seine Tätigkeiten finden direkt oder indirekt unter den Augen ein und derselben Autorität statt. Er ist unter Verschluß.

Einer der Gründe dafür, weshalb ein Mensch im Geschäfts- oder Universitätsleben oft fähig ist, beträchtliche Frustrationen auszuhalten, liegt eben darin, daß er bei sich daheim seinen anspruchsvollen Chef los ist und daß er in seiner Naturschutzgruppe der Leiter sein kann; daß er über eine Autorität und Verantwortung verfügt, wenn er mit Frau und Kindern in Urlaub geht, die ganz anders geartet sind als die Autorität und Verantwortung in seinem Beruf; daß er zeitweise seine Auseinandersetzungen mit seinem Ehepartner und seine Probleme mit den Kindern vergessen kann, wenn er abends in den Verein geht. Anders ausgedrückt, für ihn gibt es ganz unterschiedliche Dächer, unter denen er abwechselnd lebt: sein Haus, sein Büro, seine Ferienwohnung, sein Vereinsheim, seine Kirche; jedes von ihnen stellt unterschiedliche Lebenswirklichkeiten mit unterschiedlichen Formen von Autorität und Verantwortung dar. Es sind ganz unterschiedliche Ebenen des Lebens; sie sind nicht völlig voneinander getrennt, aber abgehoben genug, um als Ventil zu wirken, das viele Anspannungen und Belastungen des Alltagslebens verhütet, ausgleicht oder ableitet. Wenn dich dein Vorgesetzter piesackt, mußt du wenigstens nicht den ganzen Tag mit ihm zusammenleben. Wenn du als Fremdenführer stets lächeln und freundlich sein mußt, kannst du wenigstens daheim zeitweise sauer und wütend sein. Wenn du im Büro nicht offen sagen kannst, was du von deiner Sekretärin hältst, kannst du wenigstens bei deinen Freunden am Stammtisch Dampf ablassen. Das sind unterschiedliche Orte und unterschiedliche Räume. Sie können einen gesunden Ausgleich schaffen.

Dem Seminaristen oder Priester fehlt oft diese Abwechslung. Was immer er denkt, fühlt, tut, sagt oder schreibt, ist dem kritischen Auge ein und derselben Autorität oder jedenfalls derselben Art von Autoritäten ausgesetzt. Ein Stadtpfarrer erwartet von seinem Vikar nicht nur täglich von 8 bis 17 Uhr vollen Einsatz bei der Berufsarbeit, sondern er möchte auch einmal in der Woche mit ihm Schach spielen, ihn etlichen seiner Bekannten vorstellen, ihn zu einer Einladung mitnehmen und vielleicht sogar mit ihm Tennis spielen. Aber wahrscheinlich erwartet er auch von ihm, daß er nicht zu viel Bier trinkt, nicht „Tutti Frutti" anschaut, nicht mit Dirnen auf der Straße redet, keine Blue jeans trägt, keinen Mercedes fährt und keinen Damenbesuch auf seinem Zimmer empfängt. Das ist ein Zustand, den man als geistliches Ersticken bezeichnen könnte; er gibt vielen Seminaristen und Priestern das Gefühl, in einem Netz ungeklärter Beziehungen gefangen zu sein, aus dem sie sich nicht befreien können, ohne es zu zerreißen. Der Ausweg, um endlich frische Luft schnappen zu können, kann dann darin bestehen, das Priestertum an den Nagel zu hängen.

Eng verbunden mit der gesunden Einteilung des Lebensraums ist das Problem Autorität contra Verantwortung. Die Frage lautet: „Wie weit sind wir der Chef im eigenen Haus?" Zunächst einmal sind wir in der katholischen Kirche sehr schnell beim Delegieren von Verantwortung, aber sehr schwerfällig beim Delegieren von Autorität. Viele Predigten, Vorlesungen und Vorträge zielen darauf, uns die ungeheure Verantwortung des Priesters in der modernen Welt vor Augen zu halten. Aber die Autorität, die notwendig zu dieser Verantwortung gehört, wird nicht immer beigepackt. Der Priester ist für das gute Klima im Haus verantwortlich, aber er darf nicht immer die Spielregeln ändern; verantwortlich für einen sinnvollen Gottesdienst, aber er darf nicht viele Experimente machen; verantwortlich für einen guten Unterricht, aber er muß sich genau an den Lehrplan halten; und vor allem verantwortlich für guten Rat, aber er fühlt sich nicht frei, seine eigene Überzeugung zu äußern, denn er muß statt der eigenen die Autorität eines anderen repräsentieren.

Das bedeutet im praktischen Alltag, daß in einer total institutionalisierten Einrichtung jeder Lebensbereich von einer zentralen Stelle aus kontrolliert wird. Das hat seine Vorteile. Schließlich kann ein General keinen Krieg gewinnen, wenn er nur über einen Teil seiner Truppen das Kommando hat oder wenn seine Befehlsgewalt nur von 8 Uhr morgens bis 17 Uhr nachmittags gilt. Allerdings stellt sich für den Priester die Frage, ob es in seinem Beruf darum geht, einen Krieg zu gewinnen.

Aber es gibt noch ein anderes, vielleicht noch komplizierteres Problem. Das ist das Problem des verdeckten Regierens. Wer mit Autorität ausgestattet ist, weiß nicht immer genau, über wieviel Autorität er nun eigentlich verfügt. Oft leidet er an einem Mangel an Klarheit darüber. Der Obere eines Hauses weiß nicht genau, wie weit er gehen kann, denn irgendwo hat ein Bischof ein Auge auf ihn; der Bischof weiß nicht ganz genau, wie weit er gehen kann, denn der Nuntius schaut ihm auf die Finger; und der Nuntius weiß nicht ganz genau, was Rom denkt. Das Problem liegt nicht darin, daß die einen mehr, die anderen weniger Autorität haben, sondern daß das nicht klar genug abgesteckt ist, und daß man immer tiefer in den Nebel hineingerät, je mehr man sich von dem Problem entfernt. Vielleicht rührt vieles an Furcht und Angst vor der Autorität nicht so sehr von der Macht her, sondern von der Vernebelung der Macht, die die verantwortlichen Leute immer irgendwie im Nebel in der

Luft hängen läßt. Niemand weiß genau, wer genau was sagt, und je weiter man von daheim fort ist, desto verschwommener und anonymer werden die Leute. Das meine ich mit dem verdeckten Regieren, das dann dazu führt, daß man sich immer auf ewige Wahrheiten beruft, die alle in einem quasi-sakramentalen Geheimnis verschwimmen, an das niemand rühren kann.

Kurz gesagt, mit einer gesunden Raumeinteilung ist nicht nur ein gesundes Umschreiben von Orten und Räumen gemeint, sondern auch im Zusammenhang damit eine gesunde Klarstellung von Verantwortungsbereichen und Autorität für die unterschiedlichen Dächer, unter denen wir leben.

C. Gesunde Selbsterkenntnis

Aber nach all dem Gesagten sind wir immer noch nicht bis zum Kernpunkt der Frage vorgedrungen. Noch grundlegender als die gesunde Einteilung der Zeit und des Raumes ist die gesunde Selbsterkenntnis. In dieser dahintaumelnden und sich wandelnden Welt steht der Priester vor der allerwichtigsten Frage: „Wer bin ich?" Die weltweit rasch zurückgehende Zahl der Berufungen zum Priestertum zeigt in dramatischer Weise, daß der Priester zusammen mit der ganzen Kirche in eine Identitätskrise geraten ist. Er stellt sich die Frage: „Wer bin ich und was kann ich tun?"

Bei unserer Erörterung, wie der Priester als Person seinen Platz in der Wirklichkeit finden kann, wollen wir zwischen seiner individuellen und seiner beruflichen Identität unterscheiden.

a) Wenn jemandes *individuelle Identitätskrise* die Grundschichten seiner Persönlichkeit angreift, leidet er unter einer schweren Pathologie. Tiefe Depression, quälendes zwanghaftes Tun und verschiedene Formen psychotischen Verhaltens zeigen an, daß es hier der psychiatrischen Hilfe und gelegentlich des Klinikaufenthalts bedarf. Zwar mögen nur wenige Priester an diesen schweren Formen des Identitätsverlusts leiden; dennoch ist dieses grundsätzliche Problem in einem gewissen Maß das Problem jedes Menschen – aber vielleicht noch stärker jedes Priesters.

Wie sieht sich der Priester in seiner Beziehung zu seinem Mitmenschen? Wie verbindet er in seinem persönlichen Leben das Für-sich-Sein mit der Kameradschaft, die Nähe mit den sozialen Beziehungen? Menschliches Dasein ist von seinem Wesen her ein „Miteinander-Sein". Ich bin nicht allein auf der Welt, sondern ich teile diese Welt mit anderen. Zwei Dinge sind notwendig, wenn ich auf gesunde Weise in dieser Welt leben will, die mich beurteilt und mich auffordert, in ihr entsprechend meiner physischen Identität eine Rolle zu spielen: Zuerst einmal brauche ich meinen eigenen Innenraum, wohin ich mich vor dem Angesicht der anspruchsvollen Welt zurückziehen kann; und zweitens muß ich eine Hierarchie der Beziehungen zu eben dieser Welt aufbauen.

Im innersten Bereich meines Lebens finde ich den oder die, der/die mir am nächsten ist. Um diesen Kreis der Intimität schließt sich der Kreis meiner Familie und meiner engen Freunde. Dann, in etwas weiterem Umkreis, ordne ich Verwandte und Bekannte ein, und noch weiter draußen meine Kollegen in Geschäft und Arbeit. Schließlich weiß ich um das weite Umfeld von Menschen, die ich zum Teil nicht einmal dem Namen nach kenne, die aber irgendwie auch zu dieser Welt gehören, die ich *meine* Welt nenne. So bin ich also von konzentrischen Kreisen umgeben, auf deren Schwelle ich Wachtposten aufstelle, die sorgfältig prüfen, wen ich auf welche Nähe an mich heranlasse. Ich sage dem Busfahrer nicht das gleiche wie meinen langjährigen Arbeitskameraden. Ich sage meinen Freunden nicht alles, was ich meinen Eltern sagen kann. Und dann gibt es einen Ort, den niemand betreten kann, wo ich vollständig für mich selbst bin, wo ich meine eigene innerste Privatsphäre pflege. Das ist der Ort, an dem ich Gott treffen kann, wo er in seiner Fleischwerdung sein Anderssein abgelegt hat. Die Möglichkeit, sich vor dem Angesicht der Welt verbergen zu können, ist für den Menschen eine unerläßliche Bedingung dafür, echte Gemeinschaft bilden zu können. Ein Mensch, der keinerlei Privatsphäre besitzt, kann nicht Teil einer Gemeinschaft werden.

Und genau hier stellen sich dem Priester Probleme. Sehr oft hat er sein Privatleben verloren, wo er bei sich selbst sein kann; auch besitzt er keine Hierarchie von Beziehungen mit Wachtposten auf den Schwellen. Er ist zu jedermann freundlich und hat oft keine eigenen Freunde. Er berät und unterweist ständig andere, aber oft hat er selbst niemanden, zu dem er mit seinen Schmerzen und Problemen gehen kann. Da er in seiner Wohnung oder seinem Pfarrhaus kein wirklich Wohnlichkeit und Geborgenheit schenkendes Heim findet, schweift er oft durch die Pfarrei auf der Suche nach Leuten, die ihm ein wenig das Gefühl des Dazugehörens und des Daheimseins schenken. Der Priester, der ständig die Freundschaft empfiehlt, braucht seine Pfarrkinder mehr, als sie ihn brauchen. Wenn er nach Anerkennung sucht, neigt er dazu, sich an seine Ratgeber zu hängen und von seinen Gläubigen abhängig zu werden. Wenn er keine ganz persönliche Form des Bei-sich-Seins und der Nähe zu

Gott gefunden hat, in der er sich geborgen fühlt, braucht er in unfreier Weise seine Pfarrangehörigen. Die langen Stunden, die er mit ihnen verbringt, dienen dann mehr der Erfüllung seiner eigenen Bedürfnisse als derjenigen der Menschen. So wird ihm die Hierarchie der Beziehungen nach und nach unklar, er fühlt sich niemals sicher, ist immer auf dem Sprung und endet schließlich im Gefühl, schrecklich mißverstanden und alleingelassen zu sein.

Es ergibt sich das Paradox, daß er unablässig gelehrt hat, die Menschen sollten einander lieben – aber er selbst liebt niemanden wirklich; daß er sich lange im inneren Gebet geübt hat – aber oft nicht fähig ist, allein mit sich selbst zu bleiben. Für jeden, der von außen kam, hat er sich weit geöffnet – aber für den, der drinnen daheim sein sollte, hat er keinen Platz mehr. Die Wände seiner innersten Kammer zerbersten, und er hat keinen Ort mehr, an dem er ganz bei sich selbst sein kann. Der Priester, der zu viel von sich selbst hergegeben hat, schafft sich ein unersättliches Bedürfnis, ständig mit anderen zusammenzusein, denn nur dann hat er das Gefühl, ein ganzer Mensch zu sein.

Und hier steckt der Priester in einer schweren Krise. Ohne geistliches Leben und ohne einen guten Freund ist er wie ein tönendes Blech oder eine klirrende Schelle. Das klingt vielleicht wie eine altmodische Predigt, aber man sollte die Frage, die diesem Problem zugrundeliegt, deutlich sehen: „Wer führt den, der die Menschen führen soll?" Kein Psychotherapeut kann sich auf Dauer kompetent fühlen, anderen Menschen zu helfen, wenn er nicht seinerseits bereit ist, seinen geistigen Gesundheitszustand regelmäßig mit professioneller Hilfe zu überprüfen. Aber welcher Priester hat einen geistlichen Berater, der ihm hilft, sich durch die Wirrungen seines eigenen geistlichen Lebens und des geistlichen Lebens anderer Menschen durchzufinden? Es gibt hunderte von Priestern, die fähige Theologen, gute Prediger, ausgezeichnete Organisatoren, brillante Schriftsteller, höchst kompetente Soziologen, Psychologen, Mathematiker und Philosophen sind; aber wie viele von ihnen sind imstande, ihren Mitmenschen und insbesondere ihren Mitpriestern in ihren ganz persönlichen geistlichen Anliegen beizustehen? Das scheinen ganz seltene weiße Raben zu sein.

b) Das leitet uns über zu unserer abschließenden und vielleicht spezifischsten Sorge: zur Sorge um die *berufliche Identität* des Priesters. Gesunde Erkenntnis seiner selbst bedeutet nicht nur eine gesunde Erkenntnis seiner selbst als Individuum in der Welt, sondern auch eine gesunde Erkenntnis seiner selbst in beruflicher Hinsicht.

Die erste und naheliegendste Frage scheint zu lauten: Haben wir wirklich einen Beruf? Wir leben in einer Gesellschaft, in der sich die Berufe rapid schnell ausdifferenzieren und spezialisieren. Die Zahl der professionell geschulten Leute nimmt ungeheuer rasch zu: Ärzte, Psychiater, Psychologen, Sozialarbeiter, Richter, Juristen, Architekten, Ingenieure, und fast jedes Jahr scheinen neue Berufe wie von selbst aus dem Boden zu schießen. Auf dem Gebiet der Psychiatrie gibt es inzwischen Musiktherapeuten, Gruppentherapeuten, Beschäftigungstherapeuten, usw. Jeder hat sein besonderes Fachgebiet mit einer entsprechenden Ausbildung und seinem speziellen Platz im Team der Berufe. Wo bleibt da der Priester? Worin besteht seine Spezialität? Was trägt er ganz spezifisch bei? Ist es nicht so, daß sich viele Priester deshalb äußerst frustriert fühlen, weil sie den Eindruck haben, daß sie von allem ein bißchen etwas wissen, aber auf keinem Gebiet wirkliche Experten sind?

Viele haben den Eindruck, Amateur-Lebensberater, Amateur-Sozialarbeiter, Amateur-Psychologen, Amateur-Gruppenleiter und Amateur-Lehrer zu sein – aber wann und wo sind sie wirklich Profis? Da ist es nicht verwunderlich, daß sich viele Priester in einem Kreis von Profis sehr unwohl fühlen und sich trotz ihres abgeschlossenen Universitätsstudiums und aller Zusatzkurse lieber unter den sogenannten „einfachen Leuten" aufhalten.

Die Priester haben recht gute Gründe, so zu empfinden. Ein Arzt muß nach seiner theoretischen Ausbildung noch ziemlich lange unter enger Supervision arbeiten, ehe er ganz selbständig praktizieren darf. Ein Psychologe kann seine unabhängige Arbeit erst aufnehmen, wenn er unter strenger Anleitung lange geübt hat. Ein Sozialarbeiter muß sich seinen Titel erst mit vielen Jahren Einsatz unter Aufsicht verdienen, ehe er beruflich selbständig werden kann. Aber wie ist das beim Priester?

Die meisten Priester studieren fünf Jahre Theologie und werden dann gleich mitten in die Seelsorgsarbeit geworfen, ohne allzu lange Praktika absolviert zu haben. Und von denjenigen, die ein Pastoraljahr absolvieren, haben wenige die erforderliche qualifizierte Supervision, als daß ihre praktische Erfahrung zu einer wirklichen Lern-Erfahrung werden könnte. Wer hat ihre Predigten sorgfältig begleitet und analysiert? Wer hat ihre Pastoralgespräche kritisch überprüft und mit ihnen durchgesprochen? Wer hat sie angeleitet, sich bei der Liturgie sinnvoll mit Händen, Stimme und Augen auszudrücken? Und vor allem: wer hat ihnen geholfen, ihr Wissen und ihre gesammelten Informationen, die sie in jahrelangem theoretischem Studium angesammelt haben, brauchbar in den praktischen Umgang mit dem verwirrten Teenager, dem suchenden Studenten, dem zweifelnden Ehemann, dem hoffnungsvollen Vater oder der Witwe mit Depressionen umzusetzen? Wer hat ihnen bei der Selbstprüfung geholfen, ob ihre Erwartungen in der Seelsorge realistisch oder ihre Wünsche und Ansprüche tragbar sind? Wer hat sie darin unterwiesen, kluge Entscheidungen zu treffen und mit möglichen Fehlschlägen sinnvoll umzugehen? Wer hat mit ihnen ihre Grenzen ausgelotet, und wer hat sie gelehrt, mit den komplizierten Fragen der Autorität bezüglich ihrer Oberen und auch ihrer Pfarrmitglieder richtig umzugehen? Wer hat sie dafür begeistert, auf ihrem Spezialgebiet gründlicher zu studieren und zu forschen, und wer hat sie schließlich angeleitet, ihre neuen Erfahrungen in ihre Berufsarbeit einzubringen? Kurz: wer hat sie zu wirklichen Profis gemacht?

Der Soziologe Osmund Schreuder schreibt: „Die Krise bezüglich des Priestertums in unserer Zeit scheint damit zusammenzuhängen, daß dieser Beruf vom Professionellen her unterentwickelt ist."[1] Wenn das stimmt, stehen wir vor einem Problem geistiger Gesundheit, denn jemand, den ständige Zweifel plagen, ob er in dem, was er tut, wirklich kompetent ist, kann kaum als geistig gesund betrachtet werden.

Eine zweite Frage lautet: Ist unser Beruf, selbst wenn wir als Profis arbeiten, ein lohnender Beruf? Ein Profi, der tüchtig arbeitet und schöpferische Fähigkeiten entfaltet, bekommt seine Belohnungen. Die Menschen sagen ihm, wie sehr sie seine Arbeit schätzen. Sie loben ihn, erhöhen sein Gehalt, bieten ihm eine Beförderung an. Und die sicht- und spürbaren Belohnungen schenken ihm

---

[1] O. Schreuder, Het professioneel karakter van het geestelijk ambt, Nijmegen 1964, S. 7.

umsomehr Freude an seinem Beruf. Wie ist das beim Priester?

Viele Priester scheinen ihre Arbeit so zu erfahren, als füllten sie eine Lücke aus, die eben gerade offen war. Sie sind nicht an ihrer Stelle, weil sie eine spezifische berufliche Fertigkeit besitzen, durch die sie genau der richtige Mann für eine spezifische Situation sind, sondern weil halt kein anderer Priester für diese Stelle zur Verfügung war. Und ist er einmal im Amt, kümmert sich niemand allen Ernstes darum, was er eigentlich tut. Solange er nicht himmelschreienden Blödsinn verzapft, keine haarsträubenden Leserbriefe schreibt und nicht im Übermaß gegen die bestehende Ordnung verstößt, hört er überhaupt nichts. Der gewissenhafte Priester wird mit Schweigen von oben belohnt.

Wenige religiöse Autoritäten loben ihre Leute jemals. Sie erwarten von ihnen, daß sie ihre Pflicht erfüllen und nicht um ein „Dankeschön" bitten. Vielleicht haben viele Priester auch sich selbst den Wunsch nach Lob, Dank, Belohnung und Wertschätzung versagt. Eine verzerrte Auffassung von Gehorsam scheint den Wunsch nach Belohnung und Befriedigung zu verbieten. Es ist erstaunlich anzusehen, wie wenige Priester fähig sind, ein wirkliches Kompliment anzunehmen. Sie können damit nicht umgehen und kommen dadurch in peinliche Verlegenheit, als sei es ihnen nicht gestattet, Komplimente entgegenzunehmen. Aber wenn die Belohnung, die man für sein ganzes Studium erhält, ausschließlich im Diplom am Ende der Semester besteht, ist man weniger geistig gesund, als wenn man täglich Freude an seinem Studium hat und zum Schluß dazu auch noch das Diplom erhält. Im letzteren Fall macht das tägliche Leben Freude. Im ersteren Fall plagt man sich endlos ab, um schließlich ein bißchen Belohnung zu ernten. Wenn ein

Priester an seiner täglichen Seelsorgsarbeit keine Freude hat und lediglich auf das Diplom aus Gottes Händen am Ende seiner Tage hofft, ist seine geistige Gesundheit in Gefahr, und zugleich auch seine vorrangige Aufgabe: seinen Mitmenschen Leben und Glück zu erschließen.

Es gibt eine Art Belohnung, die im Alltagsleben des Pfarrpriesters fast ganz ausfällt: die Belohnung, die er in seiner Berufsdisziplin als Theologe ernten könnte. Jeder Profi weiß, daß seine Aufgabe nicht nur darin besteht, auf seinem Gebiet auf dem laufenden zu bleiben, sondern darüber hinaus auch einen schöpferischen Beitrag dazu zu leisten. Der Arzt und der Psychologe wissen, daß sie den Menschen am besten helfen, wenn sie während ihrer therapeutischen Betätigung auch gleich noch neue Erkenntnisse für ihre Wissenschaft sammeln. Ein Arzt, der täglich hunderte von Allergiekranken vor sich hat und sie systematisch behandelt, kann vielleicht nicht nur diesen Patienten, sondern auch noch seiner Wissenschaft dienen.

Gibt es Seelsorger, denen deutlich vor Augen steht, daß die Menschen, mit denen sie täglich zu tun haben, eine der Hauptquellen ihrer theologischen Erkenntnis sind? Seit Gott Mensch geworden ist, ist der Mensch die Hauptquelle für die Erkenntnis Gottes geworden. Die Pfarrei ist im Grunde genommen für den Priester genauso ein Forschungsfeld, wie es das Krankenhaus für den Mediziner ist. Vielleicht hat uns niemand so eindringlich die Notwendigkeit dieser empirischen Theologie vor Augen geführt wie der protestantische Krankenhauspfarrer Anton Boisen, der geschrieben hat: „Kein Historiker, der dieser Berufsbezeichnung wert ist, wird sich damit begnügen, einfach aus Autoritätsgläubigkeit die unbegründeten Behauptungen irgendeines anderen Historikers über seinen Forschungsgegenstand zu übernehmen. So habe auch ich nicht mit fix und fertig in den Büchern vorgegebenen Formulierungen angefangen, sondern mit den lebendigen menschlichen Dokumenten und mit gegenwärtigen sozialen Bedingungen in ihrer ganzen Komplexität."[2]

Der Priester sieht sich tagtäglich lebendigen menschlichen Dokumenten gegenüber, und wenn er imstande ist, sie zu lesen und zu verstehen und sie als ständige Quelle für sein theologisches Denken zu benützen, kann sein Leben immer wieder neu, überraschend, inspirierend und schöpferisch sein. Es gibt kein menschliches Problem, keinen zwischenmenschlichen Konflikt, kein menschliches Glück, keine menschliche Freude, die nicht zu einem tieferen Verständnis des Wirkens Gottes am Menschen führen könnte. Von da her gesehen verlangt sein Beruf von ihm, daß er ständig im Gespräch mit Gott bleibt und sich vor ihm unablässig verantwortet; daß er Gott lebendig hält, der sich unablässig wandelt und doch immer derselbe bleibt, genau wie der Mensch auch. Und hier kann sich der Priester in der Herzmitte seines Berufes finden.

Gesunde Erkenntnis seiner selbst: das war unser letztes und wichtigstes Anliegen. *Gesunde Erkenntnis unseres eigenen individuellen Selbst,* das in realistischer Weise auf den anderen bezogen ist, auf der Grundlage eines soliden geistlichen Lebens und eines Gespürs für das Beisich-selbst-Sein und die Nähe Gottes; und zugleich gesunde Erkenntnis unseres beruflichen Selbst, die uns einen bescheidenen, lohnenden und wissenschaftlich fruchtbaren Platz unter den helfenden Berufen erschließt.

---

[2] A. Boisen, The Exploration of the Inner World, San Francisco – New York 1962, S. 185.

Damit sind wir am Ende unserer Überlegungen. Hat der Priester seinen Platz in Zeit, Raum und in sich selbst gefunden? Weiß er, wann er ist, wo er ist und wer er ist? Unsere turbulente Zeit bringt sein Gleichgewicht in Gefahr, sein Gleichgewicht zwischen privatem und öffentlichem Leben, zwischen ihm selbst vorbehaltenen und öffentlichen Plätzen, zwischen Kontemplation und Aktion, zwischen Studium und Arbeit. Diese Gefahr schafft Ängste. Und das schlägt Wunden. Aber wenn man die Wunden versteht, könnten das durchaus konstruktive Ängste werden. Denn dann dient eine ehrliche Diagnose einer hilfreichen Therapie.

Henri J. Nouwen im Verlag Herder

Bilder göttlichen Lebens
Ikonen schauen und beten
2. Auflage, 96 Seiten, gebunden.
ISBN 3-451-20752-4

Der dreifache Weg
160 Seiten, Paperback.
Herderbücherei Band 1737
ISBN 3-451-08737-5

Er trägt unsere Last
Meditationen zum Kreuzweg und Leiden Jesu
144 Seiten, gebunden.
ISBN 3-451-21840-2

Feuer, das von innen brennt
Stille und Gebet
8. Auflage, 96 Seiten, Paperback.
ISBN 3-451-19427-9

Geheilt durch seine Wunden
Wege zu menschlicher Seelsorge
144 Seiten, Paperback.
ISBN 3-451-20853-9

Gottes Clown sein
Vom Beten und Dienen
4. Auflage, 120 Seiten, Paperback.
ISBN 3-451-20544-0

Im Haus des Lebens
Von der Angst zur Liebe
3. Auflage, 120 Seiten, Paperback.
ISBN 3-451-20783-4

In ihm das Leben finden
Einübungen
6. Auflage, 104 Seiten, Paperback.
ISBN 3-451-19549-6

Verlag Herder Freiburg · Basel · Wien

Henri J. Nouwen im Verlag Herder

Jesus, Sinn meines Lebens
Briefe an Marc
2. Auflage, 120 Seiten, Paperback.
ISBN 3-451-21329-X

Nachts bricht der Tag an
Tagebuch eines geistlichen Lebens
2. Auflage, 272 Seiten, Paperback.
ISBN 3-451-21443-1

Nimm sein Bild in dein Herz
Geistliche Deutung eines Gemäldes von Rembrandt
174 Seiten, gebunden.
ISBN 3-451-22404-6

Schöpferische Seelsorge
Vorwort von Rolf Zerfass
2. Auflage, 176 Seiten, gebunden.
ISBN 3-451-21544-6

Seelsorge, die aus dem Herzen kommt
Christliche Menschenführung in der Zukunft
4. Auflage, 80 Seiten, Paperback.
ISBN 3-451-21442-3

Sterben, um zu leben
Abschied von meiner Mutter
4. Auflage, 128 Seiten, Paperback.
ISBN 3-451-19857-6

Von der geistlichen Kraft der Erinnerung
3. Auflage, 88 Seiten, Paperback.
ISBN 3-451-20253-0

Zeige mir den Weg
Texte für alle Tage von Aschermittwoch bis Ostern
Herausgegeben von Franz Johna
2. Auflage, 144 Seiten, gebunden.
ISBN 3-451-21839-9

Verlag Herder Freiburg · Basel · Wien